사업에 성공하는 조건

사업에 **성공**하는 **조건**

초판 1쇄 발행 **2016년 1월 11일**

지 은 이	오신우
발 행 인	권선복
편 집	김정웅
디 자 인	이현자 이세영
마 케 팅	정희철
전 자 책	신미경
발 행 처	도서출판 행복에너지
출판등록	제315-2011-000035호
주 소	(157-010) 서울특별시 강서구 화곡로 232
전 화	0505-613-6133
팩 스	0303-0799-1560
홈페이지	www.happybook.or.kr
이 메 일	ksbdata@daum.net

값 15,000원

ISBN 979-11-5602-310-4   13320

Copyright ⓒ 오신우, 2016

도서출판 행복에너지는 독자 여러분의 아이디어와 원고 투고를 기다립니다. 책으로 만들기를 원하는 콘텐츠가 있으신 분은 이메일이나 홈페이지를 통해 간단한 기획서와 기획의도, 연락처 등을 보내주십시오.
행복에너지의 문은 언제나 활짝 열려 있습니다.

사업_에 성공_{하는} 조건

오신우 지음

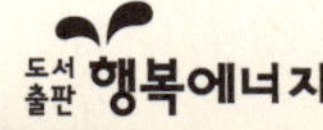

CONDITIONS FOR SUCCESS IN BUSINESS

나도 하면 될까?

도서출판 행복에너지

이 책을 읽는 분들께

예로부터 '작은 재물은 근검에서 나오고 큰 재물은 하늘이 낸다'는 말과 '세상에는 노력해서 되는 일도 많지만, 노력과 무관한 결과도 적지 않다'는 말을 믿어 왔습니다. 그러나 해방 후 서양의 과학문명과 경영학이 본격적으로 도입되면서, 타고난 운명은 아예 무시되고 잠재된 소질에 대한 성찰도 많이 부족합니다.

여기서 작은 재물은 윤택한 생활을 영위할 수 있는 정도의 재산이고, 큰 재물은 사업을 통해서 얻는 큰 재산 또는 이에 상당하는 지적 재산권이나 개런티 등이라 할 수 있습니다.

이상적인 교사는 제자의 소질을 제대로 파악해서 소질에 맞는 분야의 흥미를 일깨워서 그 방향으로 인생의 진로를 택할 수 있도록 지도해 주는 사람이라 하겠습니다. 이와 같이 어린이의 소질을 되도록 일찍 발견해서 지도하는 교육은 예·체능 분야에서는 거의 정착되어 있습니다.

이것이 가능한 것은 예·체능 분야의 소질은 학습과정에서 쉽게 드러나고 또한 소질이 없는 사람은 그 분야에서 아무리 노력해도 고생만 하고 성공할 수 없다는 것을 모두 잘 알고 있기 때문입니다.

그런데 예체능계와 같이 소질이 없는 사람이 절대로 성공할 수 없는 분야가 바로 사업과 경영이고, 사업과 경영의 소질은 예체능의 소질처럼 단순하지 않은 것으로 잘 드러나지도 않습니다.

그리고 사업과 경영에 성공하려면 반드시 필요한 것이 이를 뒷받침할 운명인데, 아직까지 과학적으로 규명되지 않았다는 이유로 경영컨설턴트조차 운명의 중요성을 제대로 인식하지 못하고 있는 실정입니다. 이렇게 하는 것이 과연 합리적이고 현명하다 할 수 있겠습니까?

특히 사업이란 당사자는 물론 가족과 친지 나아가서는 수많은 종업원들의 생계와 행복이 걸린 것으로 그 성공과 실패의 영향은 크고 엄중합니다. 그러므로 소질과 운명에 대한 신중한 고려 없이 사업에 뛰어들거나 함부로 창업을 부추기는 것은 비록 벤처기업이 선망의 대상인 시대라지만 엔젤캐피털이나 벤처캐피털이 활성화되지 않은 우리의 현실에서는 반드시 재고되어야 할 것입니다.

우리는 과학적으로 해석되고 같은 조건에서 재현될 수 있는 것만 믿는 과학과잉 시대에 살고 있습니다. 이처럼 지혜가 결핍된 물질만능 시대에는 위에서 언급된 2가지 조건들은 너무나 중요하고 필수적이지만, 보이지 않고 비계량적이다 보니 아직도 경영학에서는 별로 중요시하지 않습니다.

일찍이 『興하는 경영, 亡하는 경영』을 출판해서 재계와 산업계에 충격적인 반응을 일으킨 바 있는 필자가 이번에는 사업가의 조건 즉 타고난 소질과 운명, 특히 운명에 대한 담론을 감히 제기합니다. 관심 있는 분들의 비판과 충고를 기대합니다.

2015년 겨울

오 신 우

목 차

너 자신을 알라!

그리스 델포이의 아폴론 신전 현관 기둥에 새겨졌다는 금언

| 제1부 |
소질과 운명

1. 천재는 1의 영감과 99의 땀인가

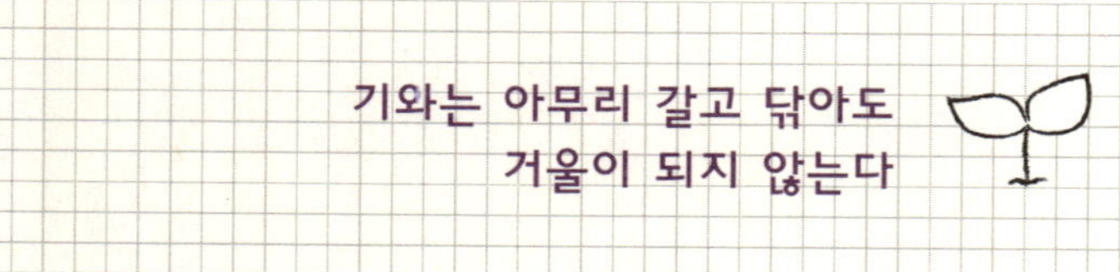

초등학교 6학년 교실에 붙어 있던 표어, '천재는 1의 영감과 99의 땀'이라는 발명왕 에디슨의 말은 자라는 어린이들에게는 유용한 말일지 모르나 그 말 자체는 틀린 말이다. 따라서 철이 든 중·고 학생들에게는 적합하지 않는 말이라 할 수 있다.

타고난 소질과 재능이 천재라도 노력 없이는 천재다운 성과를 낼 수 없다는 뜻인데, 그러면 노력이 99%이니 누구든 열심히 노력만 하면 별다른 소질과 재능이 없는 분야에서도 크게 성공할 수 있다는 말인가?

또는 어느 분야에 천재적인 소질과 재능을 타고난 사람도 저토록 노력해야 좋은 성과를 낼 수 있는데, 그 분야에 별 소질과 재능을 타고나지 않은 사람은 아무리 노력해도 성공할 수 없다는 뜻으로 받아들일 수도 있다.

연습, 즉 훈련하는 시간이 실력을 얼마나 향상시키는지 분야별로 조사한, 최근 미시건 주립대 심리학과 자크 햄브릭 교수 팀의 논문에 의하면 체육은 18%로 나왔다. 이는 실력 100% 중에서 연습하는 노력이 차지하는 비중은 18%뿐이고, 82%는 "노력으로 설명되지 않는 부분" 즉 타고난 몸과 운동신경과 기타 사항에서 왔다는 설명이다. 그리고 음악의 경우는 21%로 연습하는 노력의 영향이 체육보다 조금 더 높다. 더 놀라운 사실은 일반적인 예상과 달리 학업 분야에서는 연습(노력)의 효과가 훨씬 낮은 4%라고 발표해서 학계의 반론이 뜨겁다.

학업의 성취도 역시 타고난 두뇌의 우열과 성격에 적지 않게 영향을 받지만, 타고난 소질이 절대적이라는 수학·물리·문학 등을 제외한 대다수 암기위주의 과목들은 누구나 노력하면 어느 정도 향상시킬 수 있는 것으로 인식되어 왔다. 그런데도 앞의 논문은 학업에서만은 이와 같은 일반적인 인식과 크게 다른 결론 ─ 예체능 분야보다 노력의 효과가 지나치게 작은 반면 타고난 자질의 영향이 너무 크다는 ─ 을 도출해서 논란을 야기하고 있는 것이다.

한편 어느 국내 학자에 의하면 장기간 노력할 수 있는 것도 재능의 일부이며, 노력을 통해서 재능이 성장하기도 하므로 노력과 재능은 완전히 별개의 것이 아니고 상호 역동적인 관계라고 말한다. 그리고 노력(훈련)으로 설명되지 않는 부분에는 처음 배운 나이, 성취에 대한 가족이나 문화의 가치, 개인의 성격 등 많은 요인이 있다는 것으로 이는 수긍이 가는 주장이다. 게다가 같은 노력이라도 몰입하는 정도에 따라 결과가 크게 다르므로 이것 역시 재능의 하나라 할 수 있다.

물론 사람에 따라 노력에 의한 성취도에서 차이가 있겠지만, 이 논문은 노력보다 타고난 소질이 재능(실력)에 더 결정적이라는 것을 시사한다. 요약하면 '훈련이 중요하지만, 이제까지 주장된 것만큼 중요하지는 않다.'라는 것이다.

에디슨이 스스로의 성취를 99% 땀의 결과라고 하지만 타고난 천재임에 틀림없다. 이를테면 끝도 없이 일어나는 의문과 호기심에다 지칠 줄 모르는 실험정신뿐만 아니라 꽉 짜인 학교의 정규교육에 제대로 적응하지 못하는 등 전혀 평범하지 않은 특성들은 상대성 원리를 발견한 아인슈타인과 애플의 스티브 잡스와 같은 천재들과 매우 비슷하다. 한편 행복한 일생을 사는 천재도 드물기 때문에 천재가 아니라고 해서 실망할 것도 전혀 없다.

현대는 다원화된 사회로서 수많은 종류의 직업과 온갖 다양한 가치와 성공에 대한 잣대가 있다. 그러므로 되도록이면 자신의 잠재된 소질과 재능을 발굴하고 그것을 키우는 방향으로 노력해야 한다. 그렇지 않으면 많은 노력과 시간을 투입하고도 남보다 나은 성과를 기대할 수 없다.

2. 사업과 경영? 우선 소질이 있어야

초등학교나 중등학교에서 가장 이상적인 교사는 제자의 소질을 제대로 파악해서 소질에 맞는 분야의 흥미를 일깨워서, 그 방향으로 인생의 진로를 택할 수 있도록 지도해 주는 사람이라 할 수 있다. 이런 관점에서의 지도와 교육은 이미 예체능 분야에서는 어느 정도 정착되어 있다.

이것이 가능한 것은 예체능 분야의 소질은 학습과정에서 쉽게 드러나고 또한 소질이 없는 사람은 아무리 노력해도 그 분야에서는 고생만 하고, 성공할 수 없다는 것을 모두 알기 때문이다.

예체능계와 같이 소질이 없는 사람은 절대로 성공할 수 없는 분야가 바로 사업과 경영이다. 그러나 이 분야의 소질은 예체능 분야의 소질처럼 단순하지 않고 잘 드러나지도 않는다. 더욱이 우리나라와 같이 교실 위주의 교육환경에서는 그런 소질을 드러낼 수 있는 기회가 주어지지도 않는다.

대개의 경우 소질에 맞지 않는 분야의 일에선 우선 흥미를 느끼지 못하고 곧 싫증을 내게 된다. 그리고 노력하더라도 몰입이 잘 안 되고 능률도 오르지 않으므로 지속적인 발전을 기대할 수 없다.

특히 사업에 성공하는 필요충분조건은 이재理財에 대한 소질과 재물을 지켜내는 운명을 타고나는 것이다. 사업을 해서 돈을 벌거나 물려받은 재물을 지키거나 늘릴 수 있는 소질에도 여러 가지가 있다. 이를테면 이재에 머리가 잘 돌거나, 이익의 추구에는 재빠르거나, 재물을 늘리기 위해 미련스럽게 기다릴 수 있다거나, 우둔하지만 재물과 관련해서는 남다른 생각을 하거나, 여건이 전혀 갖추어지지 않은 상태에서도 자기 사업을 하겠다고 무리하게 창업을 시도하는 등 공부하는 데 필요한 재주인 암기력과 응용력 또는 IQ라는 지능지수와는 전혀 다른 재능인 이런 소질을 타고나야 한다.

이와 같이 사업에 성공하려면 재물에 관심이 있고, 사업상의 미세한 틈새나 변화를 감지하는 재능과 이를 행동에 옮겨 우직스럽게 끝까지 밀어붙이는 성격을 타고나야 한다. 달리 표현하면 지식이나 학벌 및 IQ로 측정되는 재능과는 다른 개념인 '사업의 성패에 대한 동물적인 육감과 끈질긴 실천력을 타고나야 한다.'는 말인데, 성공한 사업가들을 보면 예외를 찾기 어렵다.

이것을 뒷받침하듯이 세계적인 기업 Honda의 창업자 혼다 소이치로 역시 "머리가 좋으면 성공하는 데 오히려 방해가 된다. 바보처럼 철저히 몰입할 수 없기 때문이다. 무턱대고 도전하고 웃으면서 바보처럼 일해야 성공할 수 있다."고 말한 바 있다.

한편 공부하는 머리도 좋고 행동도 민첩하지만 재물이나 사업에 별로 집착하지 않는 사람은 사업에 소질이 없다고 할 수 있으며, 그런 사람이 끝까지 큰 부자로 사는 경우는 드물다. 이처럼 IQ가 좋아 화려한 스펙(specification)을 가진 자들은 대개 피고용인이 되고 그 가운데 일부는 임원이나 사장이라는 고위 경영인도 되지만 그들 역시 기업주의 지배를 받는 부자 월급쟁이에 불과한 것이 인간세상이다.

그리고 비교적 소수이긴 하지만 재물에 무관심하거나, 금전을 경시하거나, 황금을 보기를 돌 같이 하는 사람도 있다. 이들 가운데 재물에 무관심한 자는 성직자가, 금전에 무관심하지는 않아도 축재에 연연하지 않는 자는 교사나 공무원이, 황금을 들같이 보는 자는 사회나 정치의 지도자가 되어야 한다. 이와 같이 각자의 타고난 자질에 맞는 분야에 종사함으로써 개인적으로도 행복할 수 있고 그 사회도 건강하게 발전할 수 있는 것이다.

과학적인 것과 교육을 중시해온 서양에서도 해가 갈수록 선천적인 자질의 중요성에 눈을 뜨고 있는데, 세계 최고의 여론조사 기업인 갤럽이 그간 약 5만 명을 조사한 결과가 이를 증명하고 있다. '기업가와 리더십은 교육을 통해 길러지는 것이 아니라 타고나는 것으로 일반적인 학습능력과는 전혀 다른 자질이며, 기업가에 적합한 사람은 1,000명 중에 5명꼴이다. 그리고 MBA(경영대학원)가 육성하는 것은 기업가가 아니고 비즈니스 닥터로, 기업 내부의 문제점을 발견하고 이에 대한 처방을 내리고 실행하는 전문 경영인 또는 경영 컨설턴트이다. 그리고 명문대 졸업생 가운데 기업가가 있을 확률은 높지 않다.'

〈2015. 5. 20 Gallop의 Jim Clifton 회장의 조선일보 인터뷰〉

　　사람의 타고난 소질과 재능의 다양성을 학술적으로 뒷받침하는 것에는 '인간의 지능은 단일하지 않으며 적어도 여러 개의 독립적인 지능을 갖고 있다.'는 다중지능이론이 있다. 이 분야에서 가장 유명한 하버드 대학의 가드너 교수에 의하면 인간의 지능은 언어·음악·논리수학·공간지각·신체운동·인간친화·자기성찰·자연친화라는 독립된 8개의 지능과 종교적 실존지능으로 이루어져 있다. 그리고 IQ만으로는 인간의 모든 영역의 지능을 파악할 수 없으며, 인간의 재능은 이들 각각의 지능이 조합됨에 따라 다양하게 발현된다는 것이다.

　　그의 이론을 따르면 성공하는 데는 특정 지능이 부족한 것은 전혀 걸림돌이 되지 않으며 각 영역에 있어서 수많은 종류의 수재나 둔재가 언제나 어디서나 존재한다. 이를테면 모든 영역에서 강점을 보이는 사람도 존재하지 않으며 반대로 모든 영역에서 부진한 사람도 존재하지 않는다는 것이다.

3. 소질과 직업

중국의 수많은 왕조에는 백성들로부터 상인 황제, 화가 황제, 목수 황제로 불린 자들이 있다. 이들은 기행을 저지르거나 독특한 소질을 타고난 자들 가운데 일부로 동한東漢 말의 영제靈帝는 장사꾼 황제로, 북송北宋 말의 휘종徽宗은 환쟁이 황제로, 명明 말의 희종熹宗은 목수 황제로 유명하다. 이들은 국정의 최고 책임자에 필요한 자질이 부족한 반면 전문 기능인으로서 성공할 수 있는 자질을 강하게 타고난 자들로 국정에서는 예외 없이 무능하여 나라가 망하는 데 크게 기여했다.

황제가 그림만 그리고 있는 것은 오히려 고상한 편에 속하고, 목수가 되어 집무실에서 축소된 모형의 집을 열심히 짓고 있다면 그래도 조금 나은 편이다. 그러나 황궁의 후원에 시장을 차려놓고 비빈·궁녀·내시들과 더불어 저자 놀이를, 그것도 황제가 장사꾼 복장을 하고 점주가 되어 재물을 모으는 일에 푹 빠져 있었다니 정말 볼 만하지 않았겠는가?

우리 역사에도 유사한 왕들이 있는데, 그중 대표적인 이가 황음무도한 폭군의 대명사로 폐위된 연산군이다. 다행히 왕조의 패

망기가 아니라서 나라의 멸망으로는 연결되지 않았으나, 한창 일어나던 국가의 운세와 기강을 크게 훼손했다. 그는 호불호好不好에 민감하고 신경질적이고 광기까지 있어 예술가로서는 맞을지 모르나, 백성의 삶을 보살피고 문무백관을 통솔해야 하는 왕으로서는 부적합한 자질을 타고났다. 특히 여색과 가무에 지나치게 탐닉했을 뿐만 아니라 왕의 체통도 아랑곳하지 않고 어울려서 춤추곤 했는데 그의 애절한 춤사위에 좌중의 여인들 가운데 감동하여 눈물을 흘리는 이들도 있었다고 전한다.

사람들은 대개 직업에 상관없이 각자의 소질에 따른 취미가 있을 수 있으나 위의 사례는 타고난 소질이 주체할 수 없을 정도로 강해서 자신의 본업을 방치하거나 허물어뜨리는 것이 문제다. 이처럼 지나친 소질로 인해 직업 이외의 일에 몰입하는 것은 끝내 비극적인 결과를 초래하는 경우가 흔한데 이는 개인이나 국가의 불행이다. 그러므로 개인의 소질에 맞는 직업을 가지는 것은 자신이나 그 사회에 다행한 일이 아닐 수 없다.

그러므로 어릴 때는 부모와 교사가 선입관이나 편견 없이 어린이의 성격과 행동을 잘 살펴서 그의 잠재된 소질이나 특성을 파악하고 그 방향으로 지도하는 것이 바람직하다. 그리고 철이 드는 중학 시절부터는 대개 자신의 장래와 타고난 재능에 대해 관심을 가지게 되는데 이때 비록 특출하지는 않더라도 상대적으로 더 흥미를 느끼는 분야나 적성을 찾아서 뜻을 세우거나 자신의 미래로 연결시키는 상상을 해보는 것도 도움이 될 것이다.

　그런데 주위를 둘러보면 소질에 맞지 않는 직업에 종사하는 사람이 의외로 많다. 물론 개인의 일생을 두고 볼 때 소질과 취미가 직업에 잘 맞지 않는 것이 반드시 나쁜 결과를 가져오지 않은 경우도 더러 있는데 이런 것이 인간 세상의 복잡하고 불가사의하고 오묘한 면이기도 하다. 그러나 대개의 경우 소질과 직업이 일치하면 여러 면에서 어려움이 적고 유리한 것은 부인할 수 없다.

4. 사업가는 운명적인 것

    사업의 소질을 타고난 사람들 중에도 사업주가 아닌 일부 지분을 가지는 파트너나 월급쟁이 사업가로서는 발군의 실력을 발휘해 온 사람이 자신의 사업을 독자적으로 하면 반드시 실패하는 사람도 있다. 이와 달리 재물이 늘어갈수록 건강에 문제가 생기거나 단명하는 사람도 있는데 이 경우에는 재물이 재앙이라 할 수도 있다. 또 어떤 집안은 희귀병에 걸려서 재산을 거의 소진한 후에야 겨우 완치되는 딱한 경우도 있는데 바로 이런 것들이 사업과 재물에 관련된 운명의 심오한 면이라 할 수 있다.

    사업에 성공할 소질과 운명을 타고난 사람의 경우에도 사업이 번창하자 불가항력적인 재난을 당하는 등 몇 번의 실패를 극복해야 하는 경우가 적지 않다. 그러므로 사업에 성공할 운명을 타고나지 않은 사람의 경우에야, 어찌 성공을 기대할 수 있겠는가? 그리고 사업을 지킬 수 있는 운명을 타고나지 않은 사람이라면 대개 많은 노력과 쓰라린 실패의 경험도 끝내 사업상의 재기나 성공으로 연결되지 못하고 헛된 것이 될 뿐이다.

현대그룹 창업자 정주영 회장의 경우는 가난한 농부의 8남매 맏이로 태어나 4차례의 가출을 감행한 끝에 겨우 자신의 가게를 가졌고 그 후 중견 기업가의 시절에도 화재와 6·25전쟁과 홍수 등으로 극한적인 재난을 모두 극복한, 그야말로 7전8기의 인생이다. 남한 제일의 거부가 될 운명을 타고났다는 그도 이런 험난한 시련을 겪어야 했다. 그래서 그런지 재벌이 되고 난 후에는 벌이는 사업의 대부분이 세계적인 기업으로 성장했다. 이 경우에는 '하늘은 나중에 큰 일을 할 사람에게는 남다른 시련으로 그를 단련시킨다.'는 맹자의 말이 적용될 수도 있겠다.

한편 8·15해방과 6·25전쟁과 같은 격변기에 좋은 기회를 잡거나, 권력의 배경으로 쉽게 일어선 기업이나, 과도한 금융차입으로 비교적 짧은 기간에 크게 성장했던 기업 즉 조선견직(김지태), 극동해운(남궁련), 삼호방직(정재호), 신진자동차(김창원), 국제그룹(양정모), 율산그룹(신선호), 한라그룹(정인영), 한보그룹(정태수), 대우그룹(김우중), STX그룹(강덕수) 등은 기업환경에서 언제나 오게 마련인 크고 작은 외풍이나 내부 갈등을 견디지 못하고 창업자 당대에 추락했다. 사업이란 이와 같이 사업의 소질을 타고난 사람에게도 험난한 과정의 연속인 것이다.

재운財運이 있으면 한때 돈을 벌 수는 있겠지만 재복財福이 없으면 이를 지켜내지 못한다는 말이 있다. 예를 들면 한때 잘나가다 망한 사업가들, 주식투자로 1~2년에 몇 십 억을 벌었으나 불과 몇

년 만에 빚쟁이가 되거나 자살한 사람들, 복권 당첨으로 수십 억이
생겼으나 몇 년 후 파산하고 범죄의 나락으로 추락한 한때 억세게
운이 좋았던 사람들이다. 그러므로 사업가는 사업할 소질과 재운
을 타고나는 것도 중요하지만 사업을 지킬 수 있는 운명을 타고나
야 하는 것이다.

그런데도 불구하고 부모의 재산을 물려받아 끝없이 실패만 거
듭하다 패가망신하는 2세들도 적지 않은데 이에 대해서는 부모들
의 책임이 더 크다 할 수 있다. 관습에 젖고 정에 끌리어 다른 좋은
길 다 두고서 소질과 운명을 타고나지 않은 자식에게 '살아 있는
생물 같아서 언제나 위험하다.'는 사업을 맡겼으니까. 그러므로 현
명한 기업주라면 상속 오래 전부터 자녀들의 소질뿐만 아니라 보
다 근본적이라 할 수 있는 운명에 대해 전문가들의 도움을 받아 신
중하게 성찰해 봐야 할 것이다.

5. 운명에 관련된 일화

풍수학과 명리학의 권위자인 장상태 교수는 몇 년 전 TV방송에서 풍수지리에 대해 강의하는 중에 이병철 회장의 친형으로부터 들은 애기를 한 적이 있다. 즉 개인적인 친분이 많은 이병각은 어릴 때 조부가 가끔 맏손자인 자신을 제쳐두고 동생에게만 '너는 장래 조선 제일의 부자가 될 것'이라고 해서 속으로 많이 서운했다.'고 했다.

물론 그의 조부가 두 손자의 사주를 본 역술가로부터 들었거나 그 집에 출입하는 지관 즉 풍수가로부터 들은 애기임에 틀림없다. 그러나 오늘날과 달리 장자가 유산의 거의 대부분을 상속받는 당시에 장남이 아닌 차남이 더 큰 부자가 된다고 했으니 어린 마음에 그럴 수도 있었겠다.

그의 집은 원래 천석꾼으로 불리는 논부자였는데 그 희소성 면에서 오늘날의 재계순위 천 위 내에 드는 부자라 할 수 있다. 옛날에는 관개시설과 영농기술이 발달하지 않고 비료가 없어서 논·밭의 소출이 적어, 천석꾼은 논이 천 마지기가 되어야 했으므로 진짜

천석꾼도 매우 드물 수밖에 없었다. 그렇기 때문에 산이 많은 경상도에서는 4백 석만 되어도 천석꾼으로, 2천 석만 되어도 만석꾼으로 불렸고 진짜 만석꾼은 잘 알려진 경주의 최부자와 진주의 허부자 외에는 몇 집 없었다.

과연 그의 조부가 말한 대로 이병철 회장은 천석꾼의 차남으로 태어나 왜정시대와 6·25전쟁을 겪으면서도 사업을 비교적 순탄하게 성장시켜서 중년에 이미 국내 최고의 재벌이 되었다. 게다가 그는 사업이 계속 번창하는 가운데 80세 가까운 천수를 누렸으나 그의 형은 물려받은 재산으로 부유한 일생을 보냈을 뿐이다.

그런데 1950년대에 이병철 회장의 사주를 본 적이 있는 유명한 역술가에 의하면 그는 만석꾼도 그냥 만석꾼이 아닌 20만석꾼의 사주를 타고났다고 한다. 더욱 놀라운 것은 그 역술가가 막연히 큰 부자라고만 하지 않고 20만 석이라는 숫자까지 밝혔다는 점이다.

1977년 IMF여파로 도산한 한보철강의 국회 청문회에서 "자금의 흐름을 머슴이 어떻게 아느냐."는 그 특유의 '머슴론'을 당당하게 펴서 더 유명해졌던 정태수 회장의 경우에도 사업을 하게 된 일화가 있다. 6·25전쟁 발발 이듬해부터 20여 년간 공무원으로 근무하던 중 1974년 어느 날 "당신 사주에 큰 재운이 목전에 와 있는데 아직도 쥐꼬리 월급에 매달려 공무원만 하고 있느냐."는 역술가의 말을 듣고 당시 중견 세무공무원 자리를 그만두고 사업에 뛰어들게 되었다.

이들과는 조금 다른 사례로 김수환 추기경의 경우를 들 수 있다. 그는 순교자의 유복자였던 가난한 옹기 장수의 5남 3녀의 막내로 태어나 3살 위의 형 김동환을 따라 신부가 되었는데 생전에 월간지 기자에게 밝힌 그의 운명과 관련된 일화가 있다.

어느 겨울날 그는 어머니의 등에 업히고 동환은 걸어서 가고 있는데 김천과 직지사를 오가는 한 스님이 그를 가리키며 그의 어머니에게 "이 아이를 잘 기르시오. 이 아이는 나중에 큰 중이 될 것이오."라고 했다.

두 형제가 군위 보통학교에 다니던 어느 날 "너희 둘은 커서 신부가 되라."는 어머니의 말에 따라 형은 그 이듬해 대구에 있는 신학교 예비과로 옮겼고 2년 후 그도 따라가긴 했으나 기쁜 마음으로 간 형과 달리 그는 어머니의 명을 따라 갔을 뿐이라고 했다.

그러나 결국 그는 한국 천주교 최고의 성직자로서 온 국민의 사랑과 존경을 받으며 선종했다. 속세의 제도적인 잣대를 벗어나서 보면 신부 역시 불교의 중과 다를 바 없는 같은 승려이므로 젖먹이 때 그의 운명을 알아본 그 낯선 스님의 혜안은 적중했던 것이다.

소심한 성격을 바꾸려고 중3 때 마술학원에 다닌 것을 계기로 전문 마술사가 된 이은결(35세)은 2001년 일본 국제마술대회의 1위를 시작으로 2002년 남아공 SA 챔피언십과 뉴욕 SAM 매직컨벤션의 그랑프리, 2003년 라스베거스에서 우승하고 2006년 스톡홀름의 제너럴매직 부문 1위를 해서 세계 최고의 마술사가 되었다. 그는 인터뷰에서 "(나는) 사주에 (의하면) 착하지만 음흉하고 남을 잘

속여 사기꾼일 가능성이 크다.”며 “나하고 상당히 잘 맞는다.”고
했다. 그리고 마술이란 남을 속이는 직업이지만 “내가 즐거우면서
남도 즐겁게 해줄 수 있다. 이런 일이 (세상에) 몇 가지나 있을까.”라
는 유명한 말을 하기도 했다. (조선일보 2015. 2. 28, 괄호 안은 이해를 돕
기 위해 필자가 추가)

　이와 같이 자신의 소질과 운명이 절묘하게 맞아떨어져 크게 성
공하는 경우가 적지 않은 것이 동서고금에 걸쳐 다르지 않다.

6. 왜, 운명을 믿는가

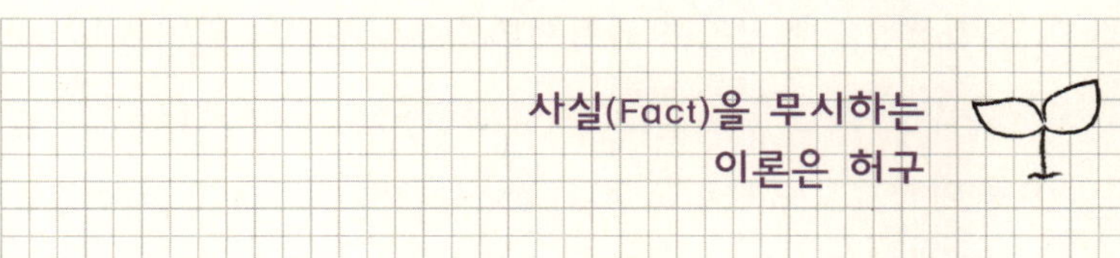

　　한의학에서는 신체의 장기 즉 오장육부가 발병하는 원인을 병균이나 음식물 또는 스트레스에서 찾는 서양의학과 달리 5장臟 6부腑가 각각 속한 오행(五行, 木·火·土·金·水) 사이의 상생相生과 상극相剋에 의한 부조화(unbalance)에서 찾는 것이 일반적이다. 따라서 치료도 이 부조화를 우선 완화시키는 것인데 이를테면 水에 속하는 신장이나 방광에 병이 났으면 신장이나 방광을 보補하는 것에 그치지 않고, 상극 관계인 土에 속하는 위와 지라(脾臟)의 강함을 침·뜸·약재·음식 등으로 억제하는 식이다.

　　이와 같이 사람의 몸과 성격을 보는 개념과 치료의 원리가 서양의학과는 근본적으로 다른데 과학에 근거하는 서양의학으로 보면 황당하기 짝이 없다. 그러나 이 치료법이 수천 년 동안 활용되어 왔을 뿐만 아니라 오늘날에는 현대의학이 포기한 불치병이나 말기 암을 별 부작용 없이 완치한 사례가 많은 것은 매스컴을 통해 잘 알려져 있다. 특히 부작용이 없고 간편한 침술의 효험은 미국을 비롯한 서유럽에서도 인정되어 갈수록 널리 애용되고 있는 추세다.

과거 한의학이 서양의학 단체의 끈질긴 비판과 저항에도 불구하고 제도권의 의학으로 정립된 이유는 한의학의 원리인 음양오행과 이들의 상생상극 이론이 과학적으로는 규명되지 않았을지라도 그 효능은 오랜 기간에 걸쳐 입증되어 널리 이용되고 있기 때문이다.

이와 마찬가지로 음양오행과 상생상극의 원리를 응용하는 명리학, 주역점, 관상, 풍수 등 동양 고유의 역학易學을 믿는 것과 수도자들의 혜안과 꿈의 예지력을 첨단과학시대인 오늘날에도 무시하지 못하는 것은 이들의 실효성 역시 대체로 인정되어 왔기 때문이다.

한의학, 운명, 예지력, 점 등의 실효성에 대한 사례는 과학적 사회주의를 자랑하며 일체의 비과학적인 관습을 공식적으로 배격하는 공산주의 국가인 중국에서도 찾을 수 있다.

1949년 1월 중국의 공산군이 북경 함락을 앞두고 서쪽 향산香山에 주둔하고 있을 때 모택동은 북경에 들어갈 길일吉日을 택하러 심복 진의陳毅 장군을 도교사원의 유명한 도사에게 보냈다. 도사는 소개도 하기 전에 그가 올 줄 알고 있었다며 "입성入城은 제일 큰 날짜에 하고 고궁故宮에는 오래 머물지 않는 것이 좋다."고 하면서 숫자 8341이 적힌 쪽지를 주었다. 돌아와서 모두 머리를 짜도 그것이 무엇을 뜻하는지 몰랐지만, 아무튼 좋은 숫자라 믿은 모택동이 무혈 입성 후 그 숫자를 자신의 경호부대 이름으로 사용했다.

그런데 8341의 의미는 그의 죽음이 가까워서야 알 수 있었다. 즉 83은 그의 수명(1893.12~1976.9)이고, 41은 집권한 기간(1935.1~1976.9)이다. 실제 그는 장개석 군대의 제5차 토벌을 피해

후퇴를 거듭하는 소위 2만 리 대장정의 이듬해인 1935년 1월 귀주성 준의遵義에서 열린 정치국 확대회의에서 공산당의 당권을 잡았던 것이다. 이때 축하주로 그 지방의 토속주에 불과하던 '마오타이주(茅台酒)'로 건배를 한 것이 계기가 되어 중화인민공화국 수립 후에도 국가 공식 연회에서 애용되면서 중국 최고의 명주로 알려지게 되었다.

다음은 1950년대 어느 해 항주에서 있었던 일이다. 회의에 참가한 최고간부들이 관광차 서호西湖의 작은 섬에 있는 사원에 들렀을 때 점대 통을 발견하고 재미로 하나씩 뽑았다. 그런데 모택동이 뽑은 죽간에는 '3번 결혼하고 금관옥대를 하고 큰 누각에서 산다.'고 쓰여 있었다.

그런데 이것이 실린 『모택동의 수수께끼(謎)』라는 책에는 다음과 같은 해설이 달렸다. '금관에 옥대를 두른다는 것은 왕이 된다는 의미이니 적중했다고 볼 수 있으나 실제 4번의 결혼인데도 3번 결혼한다고 했으니 이것은 틀렸다. 그리고 수백 년 동안 수많은 사람들 중에 이 죽간을 뽑은 이도 적지 않았을 것인데 그들은 모두 3번 결혼하고 왕이 되었단 말인가? 이와 같이 비과학적인, 점이니 운명이니 하는 것은 처음부터 믿을 수가 없는 것이다.'

모택동의 결혼은, 당시의 민며느리 관습에 따라 13세에 맞은 6세 연상의 여인이 출산도 없이 21세에 요절했는데, 그가 생전에 결혼으로 간주하지 않았던 이것을 포함하면 4번인 셈이다. 그런데 재미난 점은 몇 십 년 전만 해도 이런 부정적인 해설 없이는 출판이 허가될 수 없었으므로 이 척에 실린 모든 이야기의 끝에는 공산주의 체제에서만 볼 수 있는 이렇게 '속 보이는' 해설이 달려 있는 것이다.

앞의 사례와 같이 공산주의 중국의 지도자들도 큰 일을 앞두고 도사에게 물어서라도 좋은 날을 택하려 했듯이 예나 지금이나 공산당 간부들 가운데 명리학·관상·점술·예언 등을 공식적으로는 부인하면서 사적으로 믿는 이들이 적지 않고 갈수록 많아지고 있다. 또한 많은 인민들이 모택동은 육룡陸龍, 장개석은 해룡海龍의 운명이라 모택동이 대륙을 차지하그 장개석은 대만으로 쫓겨갔다고 믿는다.

점차 개방되면서 풍요로워지는 중국에서는 과거 무시되었던 전통문화와 동양철학에 대한 관심이 높아지고 있다. 특히 중국 고전古典의 부활과 더불어 지식인들이 점차 역술易術의 실효성을 부정하지 않는데 머지않아 이 분야에서도 대만과 홍콩 사람들과 비슷하게 될 것이다. 뿐만 아니라 중국정부는 비과학적인 음양오행의 원리에 근거하는 한의학을 21세기에 중국을 빛낼 국가적 과제의 하나로 지정해서 발전시키고 있다.

7. 사업가의 조건

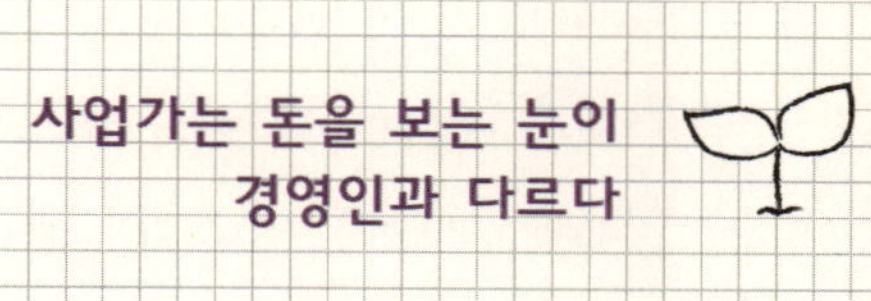

사업을 규모에 따라 대기업과 중소기업, 형태에 따라 장치산업과 노동집약산업으로, 업종에 따라 제조업, 건설업, 금융업, 유통업, 정보통신업, 요식업, 관광업, 용역업 등으로 분류할 수 있다. 그리고 시기적으로는 창업과 수성 단계로 분류할 수도 있으나, 여기서는 첨단 정보통신기술(ICT)이 바탕이 되어 특이한 사업성을 띠는 정보통신 분야를 제외한 일반적인 사업에 한하고자 한다. 사업의 종류와 크기에 따라 거기에 알맞은 사업가의 유형과 갖추어야 할 자질이 다를 것이다.

사업가의 자질 가운데 반드시 갖추어야 할 것이 있는가 하면, 갖추고 있으면 좋겠지만 필수적이 아닌 부수적인 것도 있다. 그러나 필수적인 것과 부수적인 것을 바르게 인식하지 못해, 부수적인 것들이 사업가로서 지녀야 할 자질의 전부로 생각하는 이가 의외로 많다.

필수적인 자질은 타고나지 않으면 안 되는 체질적인 특성과도 같은 것으로, 크게 두 가지로 요약될 수 있다. 첫째는 이해득실에 대한 타고난 감각이요, 둘째는 인재를 알아보고 이들을 활용하는 능력이다. 사업에 대한 욕심과 건강도 필수적이나 너무나 당연하여 제외됐다.

부수적인 자질은 지식, 학벌, 가문, 경험, 성실성, 사교성 등이라 할 수 있는데, 이들은 사업가의 필수적인 자질에 비해 덜 중요한 것으로, 살아가면서 노력으로 어느 정도 신장시키고 보완할 수 있는 성질의 것들도 있다.

이해득실에 대한 타고난 감각이란 어떤 거래나 사업을 두뇌로써 판단하는 것과 별도로 몸으로 느끼는 능력을 말한다. 전쟁에서 작전도 작전참모나 사령관의 몸에서 나오는 것이어야지, 교과서에서 배운 정석이나 타인의 말에 의존하면 실패할 확률이 높다. 왜냐하면 실제 전투에서는 인적, 지리적, 시간적인 여건이 같지 않고 언제나 변하기 때문이다. 교과서의 정석은 이상화된 패턴(pattern)과 이의 조합(combination)을 익히는 데 불과하지만, 실전에는 반드시 정석에서 일부가 변위된 상황이기 때문이다.

이런 체질적인 감각을 가진 이는 어떤 상황에서도 관련부서의 자료와 참모들의 의견을 참고로 해서 스스로 결정할 수 있다. 한편 이런 감각을 갖지 않는 경우에는 크고 작은 일의 처리에 있어서 적합하지 않은 결정을 하거나, 또는 담당부서나 남의 의견에 전적으로 의지함으로써 시기를 놓치거나, 사업의 추진 과정에서도 흔들려 성공적인 리더십을 발휘하지 못하는 수가 많다.

　다음에는 인재를 알아보는 능력 즉 지인지감知人之鑑과 인재를 활용하는 포용력 즉 인간적인 그릇인데, 이것이 필수적인 것은 사업의 승패는 결국 고용된 사람들에 의해 좌우되기 때문이다. 즉 경영은 인재의 확보와 활용이며, 대개의 경우 돈은 이들의 도움으로 벌어들이는 것이다. 이것은 소규모 사업이나 특수업종에서는 그다지 필수적이 아닐 수도 있다. 그러나 큰 사업에서는 그 무엇보다 중요하며, 특히 창업된 후 당대에 시들어버리는 기업은, 창업자가 이 자질을 제대로 갖지 못한 경우가 대부분이다.

　끝으로 하나 더 보태야 할 조건은 사업가로서 성공하는 운명을 타고났느냐 하는 것이다. 이것은 현대의 서양식 경영학에서는 언급되지 않으므로 많은 사람이 이것의 중요성을 간과하거나 과소평가하는 경향이 있다. 그러나 앞에서 여러 번 언급한 바와 같이 어느 면에서는 이것이 가장 우선되어야 할 조건이라 할 수 있다.

8. 운칠기삼運七技三

"일을 도모하는 것은 인간이지만, 일의 성패는 하늘에 달려 있다(謀事在人, 成事在天 – 제갈량)"는 말처럼, 사람의 노력과 재능도 중요하지만 운명이라는 것도 무시할 수 없다. 원래 중국의 괴이怪異문학의 걸작으로 꼽히는 포송령(蒲松齡, 淸초기)의 『요재지이聊齋志異』에 나오는 운칠기삼運七技三은 '일의 성패는 운이 7할로 기량보다 운에 더 좌우된다'는 뜻으로 동양에서는 예로부터 통용되어 왔다.

환경과 개인에 따라 운8기2 또는 운6기4도 될 수 있을 것이다. 그러나 서양의 문물을 무비판적으로 받아들인 우리나라에서는 아직도 운이 없다는 둥, 있어도 그 영향이 크지 않다는 이들이 적지 않다. 그러나 일반적으로 나이를 먹어가며 세상의 일을 많이 경험할수록 운이라는 것을 더 믿게 되어 고령자 가운데 운8기2를 받아들이는 사람도 많다.

주위에서 크든 작든 성공한 사람들을 보면, 자신의 의지나 노력에 상관 없이 타인의 권유나 주변 사람들의 형편에 의해 제공된, 당시에는 탐탁치 않았던 기회가 성공으로 발전한 경우가 의외로 많다. 그 한 예는 한진그룹 창업자 조중훈 회장이 1969년 3월 적자 공기업인 대한항공공사를 인수해서 국가의 급속한 발전과 더불어 세계 굴지의 항공사로 성장시킨 것이다. 그때까지 그는 인천을 거점으로 해온 육상 운송업을 기반으로 해운과 건설로 뻗어가던 신생 그룹의 대표로, 박정희 대통령의 강권에 의해 어쩔 수 없이 항공사를 떠안게 되었다.

당시 동생들과 대다수 임원들이 인수를 반대한 이유는 '무력충돌이 끊이지 않는 남북대치 상태에서 항공기 납북의 재발이나 피격의 위험이 상존하는 데다, 미국을 제외한 모든 선진국들의 항공사도 모두 국영인데 국토는 작고 국력이 한심한 나라에서 민간 항공사가 잘될 수 없다'는 것으로 매우 합리적이고 타당했다. 그러나 예상과 달리 인수 후 별 사고도 없이 월남전 특수와 잇따른 중동건설 특수를 누리며 매우 순탄하게 성장했다. 이와 같이 자신의 뜻과 상관없는 항공사의 인수를 비롯해서 북한에 의한 하이재킹이나 베트콩의 포격을 받지 않은 것과 인수 후 차례로 굴러온 특수는 기업주의 의지나 능력과는 무관한 것이다. 그래서 세간에서는 그처럼 큰 성공이, 어느 모로 보나 재물로 가득한 그의 관상에서도 알 수 있듯이, 바로 타고난 복 또는 운명 때문이라고 말하는 이가 적지 않았다.

한편 이와 대조적인 경우는 현대그룹의 정몽헌 회장이라 할 수 있다. 인생 후반에는 사업상의 실패를 거의 모르던 정주영 회장은, '햇볕정책'을 추진하는 DJ정권과 뜻이 맞아 대북사업을 의욕적으로 펼치며 온 세계의 찬사를 받았다. 그러나 2001년 고령의 그가 사망하고 2003년 노무현 정권이 들어서자 대북 불법송금에 대한 특검이 시작되고, 8월에는 대북사업을 계속해온 5남 정몽헌이 의문사 했다. 그리고 2008년 뉴욕발 금융위기로 세계적인 불황에다 그해 7월 관광객 피살로 중단된 금강산관광이 2010년의 천안함 폭침과 연평도 포격으로 계속 막히면서, 2011년 현대건설을 현대자동차그룹에 매각하고도 유례없는 해운불황 속에 현대상선마저 보유하기 힘든 처지다.

그런데 여기서 간과할 수 없는 점은, 당시 정몽헌 회장이 온 국민의 관심을 모았던 '왕자의 난' 즉 상속경쟁에서는 승리했으나, 2남 정몽구 회장에 비해 관상에서는 크게 뒤진다는 호사가들의 평이 있었다는 사실이다. 흔히 사람들은 '운명이나 운이 눈에 보이지 않으니 어쩔 수 없지 않느냐'고 하지만, 사람의 운명이나 운은 언제나 얼굴과 자태와 걸음걸이 등에서 어느 정도 드러나기 마련이다. 그러므로 비록 관상가가 아니라도 이 방면에 다소 상식과 관심이 있는 사람이라면 대충 비교하거나 판별하는 것이 그다지 어렵지 않다.

이와 같이 개인이나 국가의 행로에 있어서 어떤 흐름의 시작과 결과를 그 사람이나 국가의 의지나 희망 또는 노력과 상관 없이 뭔가 정해져 있는 운 때문이라고 할 수밖에 없는 경우가 결코 적지 않은 것이 세상의 오묘한 이치다.

우리와 달리 서양의 문화를 다소 비판적으로 받아들인 일본에서는 운칠기삼, 즉 운의 영향이 약 70%인 반면 노력과 재능은 30%에 불과하다는 개념이 별 저항 없이 통용되고 있다. 운을 중시하는 일본의 오랜 전통은 명치유신에 의한 근대화 이후 오늘날까지도 변함없다.

이 전통은 러일전쟁에서, 강대국 러시아의 발틱 함대와 신생 후진국 일본의 빈약한 해군이 치러야 하는 해전을 앞두고 사령관의 인선에서도 드러난다. 당시 군부는 재주와 능력에서 뛰어나지 않으나 성격이 원만하고 청일전쟁을 포함한 군 경력에서 무운武運이 순탄했던 토고(東鄕平八郞)를 사령관으로 선임했는데, 이는 능력보다 타고난 좋은 운을 중시한 결과라 한다.

〈시바 료타로 저『언덕 위의 구름』〉

일본의 국운이 걸린 절체절명의 전쟁을 앞두고 그런 선택을 했다는 것은 운에 대한 확고한 믿음이 없으면 불가능한 일이다. 이는 동양에서 전해오는 '장수에는 지智, 덕德, 용勇, 맹猛, 복福, 다섯 유형이 있지만, 최후의 승자는 복이 많은 복장福將이 된다'는 격언과 일치하는 것이다.

고도 산업사회를 지나 어지러울 정도로 빠르게 변하는 정보통신시대인 오늘날에도, 일본의 유명한 최고경영자들은 예외 없이 운의 존재를 부인하지 않고, 기업경영에 있어서도 그 이치를 겸허한 자세로 활용하고 있다.

그런데 우리는 비과학적이라는 이유 때문에, 오랫동안 전통문화를 멀리한 결과 인성人性은 피폐해지고 정치와 사회는 천박해지고 있다. 게다가 가정교육과 이웃문화마저 거의 사라진 아파트에서 어른의 영향력 없이 자란 신세대 사업가들은 인간과 사물을 통찰하는 능력을 습득하기 어렵다.

또는 입시지옥을 피해 조기유학을 해서 가시적이고 계량적인 것과 단기적인 성과를 중시하는 미국식 경영을 피상적으로 배워서 '하면 된다'는 식으로 경영을 전횡하는 사례가 많다. 그 결과 선대가 이룩한 기업이 도약하는 대신 급속히 기울거나 도산하는 경우가 많은데, 이것은 한 집안의 불행에 그치지 않고 국가적인 문제가 되고 있다.

그러나 20세기 말부터 세계는 물질적이고 계량적인 서양문화에 한계를 느끼는 동시에 중국의 급작스런 굴기崛起를 맞아, 인문학의 부활과 더불어 동양고전이 다시 빛을 보기 시작하면서 세상을 보는 시각에 근본적인 변화가 일어나고 있다.

이를 계기로 우리는 동양사상의 바탕인 주역과 명리학의 원리에도 눈을 떠서 다가오는 과학과 인문학의 융합시대에 대처해야 할 것이다. 뿐만 아니라 서양 일변도의 학교교육에 의해 동양의 전통적인 인간학을 경시하는 신세대의 젊은 경영자들도, 운칠기삼의 이치를 깨달아 이를 경영에도 활용해야 할 것이다.

9. 운은 불변인가?

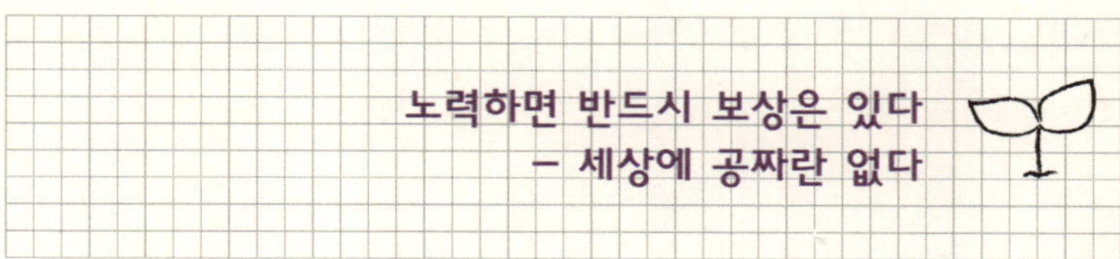

세상에서 운 또는 운세가 좋다는 것은 세속적인 잣대로 재단한 것이므로, 재물이 생기거나 승진하거나 명예를 얻거나 건강이 좋거나 귀인을 만나거나 주위에 사람이 따르거나 하는 것 등을 뜻한다.

그러므로 사람이 골방이나 산속에 갇혀서 고생스럽게 공부를 한다거나 수련을 한다는 것은 세속적인 잣대로는 좋지 않은 운에 속한다. 그러나 이것을 보다 긴 관점에서 보거나 그 사람의 인생 전체를 두고 볼 때는, 오히려 실력과 내공을 쌓는 값진 기회가 될 수 있으므로 결코 나쁜 운이라 할 수 없다.

반대로 좋은 운세인 경우 대개 사람들은 자만해서 재물관리에 소홀하거나, 직권을 남용하여 죄를 짓기 쉽고, 건강이 좋으니 주색에 탐닉하여 건강을 해치거나 인생을 망치는 계기가 될 수 있다. 그 결과 운이 좋으니 비록 1~2년 이내는 아닐지라도 장래 나쁜 운세를 초래하는 결정적인 실마리가 될 수 있다.

이와 같이 인생이란 길흉吉凶의 의미조차도 쉽게 단정하기 어려울 정도로 온갖 내적 인자와 외적 변수에 의해 변해가는 과정,

이를테면 새옹지마塞翁之馬라는 고사에 비유될 수 있다. 그러므로 현명한 사람은 사주상의 운세나 점괘가 좋게 나왔다고 해서 자만하지 않으며, 나쁘게 나오더라도 크게 낙담하지 않고 스스로 조심하며 노력을 게을리하지 않는 것이다.

길흉의 운세도 상대적인 것으로, 고정되어 불변하는 것이 아니라 인간의 노력 여하에 따라 어느 정도 극복될 수 있는 것이다. 그리고 주역의 극즉반極卽反의 논리처럼 상황이 극한에 이르게 되면 반전이 일어나게 되는 것이 천지자연의 운행이치다.

공자도 위험한 것을 안전한 것으로 바꾸고 좋지 않은 것을 좋은 것으로 변화시키는 것은 우리 자신의 지혜와 노력이라 했고, 주역에서는 '군자나 대인은 하늘의 도움을 받는다'고 했는데, 이는 스스로 돕는 슬기로운 자는 타력他力의 도움을 받을 수 있다는 뜻으로, 서양의 격언 '하늘은 스스로 돕는 자를 돕는다'와 매우 유사하다.

세상을 살아가는 데 가장 중요한 3가지인 말, 행동, 성질을 잘 다스리면, 어느 시대 어느 조직에서도 자신의 운명을 어느 정도 개척해나갈 수 있다. 특히 '말이 씨가 된다'는 잠언처럼 자신이나 남이 한 말이 긍정의 씨앗이 되어, 행동을 변화시키고, 성질에도 영향을 주어 인생까지 변화시키는 경우도 많다.

그러므로 '털어서 먼지 안 나는 사람 없다지만, 털어서 칭찬 안 나오는 사람도 없다'는 말처럼 누구에게나 장단점이 있기 마련이므로, 개인의 잠재된 장점을 일깨우는 격려나 칭찬의 영향력은 절대 가볍게 볼 수 없는 것으로 그 사람의 운명 자체를 크게 변화시키는 사례도 적지 않다.

그렇다고 해서 운명의 존재 자체를 부인하거나, 무엇이든 어떤 경우든 하면 될 수 있다는 것 역시 지혜롭지 못하며, 이 분야에 문외한임을 드러내는 것일 뿐이다. 잘생긴 얼굴을 타고나 운명이 남보다 좋은 사람과 그렇게 태어나지 못한 사람이 있듯이, 사주 즉 출생한 연·월·일·시에 의해서도 운명의 큰 틀(frame)은 결정된다. 그러므로 자신과 주위의 노력에 의해서 운명의 틀 내에서 어느 정도 개선할 수 있다는 말이지, 틀 그 자체는 변경하지 못한다는 것이 관상가와 역술가들의 공통된 견해이다.

이를테면 사람의 일생을 세상이라는 무대에서 연기하는 배우에 비유하면 운명의 틀이란 그가 맡은 분야와 역할의 크기라 할 수 있다. 비록 같은 회사원이라도 평사원부터 임원까지, 공무원의 경우에도 대관大官인 장·차관을 제외하고도 9급부터 1급까지 있으므로, 동일한 시대와 지리적인 환경에서도 자신의 노력과 인연의 영향으로 같은 틀 내에서도 큰 차이가 날 수 있는 것이다.

특히 꾸준한 노력의 중요성에 대해서는 재론을 요하지 않는데, 이에 대한 사례로는 마쓰시타 고노스케(1894~1989)를 들 수 있다.

남들에 비해 매우 불우하게 타고난 여건 속에서 스스로의 노력으로 훌륭한 일생을 산 그는, 모든 사람들에게 큰 감동을 주고 있다. '마쓰시타 전기'를 창업해서 세계 최대, 최고의 기업으로 성장 시킨 후 국가와 사회를 위해 마쓰시타 정경숙(松下政經塾)을 설립한 그는, 자신의 나쁜 여건 3가지가 도리어 그의 성공에 크게 기여했다고 여긴다. 물론 성공할 운명을 타고났겠지만, 그의 위대한 일생에서 그 특유의 성실한 노력과 겸허한 자세의 영향을 간과해서도 안 될 것이다.

"나에게는 하늘이 주신 세 가지 은혜가 있습니다. 첫째 가난한 집에서 태어났기 때문에 부지런해야 살 수 있다는 진리를 깨달았고, 둘째 약하게 태어났기 때문에 건강의 소중함을 깨달아 90세를 넘길 때까지 건강하게 살 수 있었으며, 셋째 소학교도 졸업하지 못했기 때문에 이 세상의 모든 사람을 스승으로 삼았던 것입니다. 이 3가지가 제 성공의 비결입니다. 지금 우리가 겪는 고통과 어려움의 시간들이 시련의 시간들이라면, 이것이 곧 성공을 위한 축복의 시간들입니다."

인생이란

리허설 없는 연극이라서
누구나 서툴다

1. 자신의 미래를 몰라야 하나

운명을 알 필요가 없다는 사람들 중에는 나이가 지긋해서도 정해진 운명이라는 것이 아예 없다는 청소년 같은 이들이 있는가 하면, 운명의 존재는 믿지만 미리 알 필요가 없다는 이들도 적지 않은데, 이들의 주장을 요약하면

– 운명은 과학으로 규명되지 않았으므로 믿을 수 없다.

– 운명이 좋다는 것을 미리 알면 노력을 게을리할 수도 있다.

– 나쁜 운명을 미리 알면 신경을 쓰게 되어 득보다 실이 많을 수 있다.

– 정해진 운명이 있다면, 미리 알아 봤자 닥칠 일을 피할 수도 없지 않는가?

– 기독교 신자에게는 모든 것이 전지전능한 하느님의 뜻에 따라 이루어질 뿐이다.

한편, 자신의 운명을 대충이나마 미리 아는 것이 더 유익하다는 이들의 주장은

– 운명을 전혀 모르면 일생은 탐사 없이 채광하는 것과 같다.

- 누구에게나 미래는 더없이 중요하고 이를 알려는 욕구를 막을 수 없다.
- 인생은 운명이란 테두리를 못 벗어나는 것을 보통사람도 노년에는 알게
  된다.
- 운명을 알면 좋은 일이든 흉한 일이든 깜깜이 상태보다는 슬기롭게 대처
  할 수 있다.
- 미신을 멀리한 옛 선비들에게도 자신의 운명을 알고서 적절히 대처하는
  것은 상식이었다.

　인류 역사에서 개인과 국가의 미래는 가장 큰 관심사였고 이에
대한 열쇠를 찾기 위해 끊임없이 노력해 왔다. 그 결과 서양에서는
개인과 국가의 미래를 오직 전지전능한 하느님의 뜻에 맡기고 따
라야 한다는 기독교적인 결론을 얻었고, 동양에서는 천문天文과 음
양오행에 근거한 사주명리학, 주역, 관상, 풍수지리 등의 미래에
대한 열쇠를 얻게 되었다.

　인간은 동물적인 품성과 신적인 품성을 함께 갖춘 반신반수半
神半獸라고도 하고, 사람은 살아 있는 귀신(生靈)이라서 자신이 인식
하든 않든 간에 가끔 신통력을 드러낼 뿐만 아니라, 교묘하게 화를
피하고 복을 택하기도 한다. 그리고 주역을 공부한 현대의 지식인
과 학자들도 '사심이 없고 그 목적이 나쁘지 않으면 주역 점의 결
과도 대체로 들어맞는다'고 한다.
　물론 공자가 죽간竹簡의 가죽 끈을 세 번이나 갈아 끼우도록 주
역을 연구한 것은 점을 치기 위한 것이라기보다, 동양 최고의 철학

인 주역의 깊고 넓은 이치 즉 역리易理를 궁구窮究하고 그것을 해석하는 이론을 다듬기 위함이었는데, 그 결과 계사전繫辭傳이라는 해설서를 남겼다. 그런데 문제는 주역과 (사주)명리학, 관상과 풍수지리, 예시적豫示的인 꿈과 종교적인 현몽現夢, 해탈한 스님들의 불가사의한 예지력 등이 아직까지는 현대의 과학적인 절차와 방법에 의해서 규명되지 못하고 있기 때문에 많은 사람들로부터 외면당하고 있는 것이다.

한편 서양에서는 인간의 예지력이나 초능력 등 비과학적인 현상을 믿지 않는다고 알고 있으나, 자세히 들여다보면 16세기의 노스트라다무스를 비롯해서 20세기의 에드가 케이시 등의 예언가들이 존재해 왔으며 이들의 놀라운 능력은 오늘날에도 화제가 되고 있다. 가까이는 미국의 가장 성공한 대통령에 속하는 레이건도 점술가와 예언가의 예지력을 활용했다는 사실은 잘 알려져 있을 뿐만 아니라, 평범한 사람들 가운데도 꿈의 예시력을 일상생활에 활용하는 사람이 적지 않다. 그러면 서양에서는 인간의 예지력이나 초능력의 존재를 연구한 학자들은 없는가?

과학적인 심리학을 개척한 프로이트(Sigmund Freud)에 의하면 꿈은 미래에 대한 예시 기능이 없고, 오직 경험과 관련된 소망이나 본능이 무의식 상태에서 나타나는 것이다. 결과적으로 그의 연구는 인간의 심리와 꿈의 기능 가운데 일부인 잠재의식의 발현을 주로 분석하는 데 머물렀을 따름이다.

그러나 19년 후배이자 제자였던 융(Carl Gustav Jung)은 ‘인간의 생生은 무한불멸의 세계가 유한의 세계로 뛰어든 사건이며, 우리의 심성心性은 개인적인 무의식과 구별되는 집단무의식(collective unconsciousness)의 세계 즉 전체의 세계에 그 뿌리가 닿아 있다. 따라서 꿈과 환상은 무의식과 의식의 매개로서 무의식의 활동이 의식 속에 인식되는 지각현상으로, 어떤 상황을 미리 보거나 동시에 보는 신령성神靈性 소위 초능력이 있다’고 주장하며 자신이 체험한 여러 사례를 제시했다.

그의 집단무의식 개념은 불교 유식론唯識論의 제8식인 아뢰야식(藏識)에 가까우나 윤회輪廻의 주체가 되는 영혼까지는 미치지 못하는 데 그 한계가 있다. 〈최면에 의한 전생 여행 참조〉 그러나 집단무의식에 근거한 그의 심리학은 프로이트의 심리학보다 훨씬 포괄적이고 합리적이지만, 과학 일변도의 서양문화에서는 두 세대가 지나도 크게 빛을 보지 못하고 있다.

그리고 영적인 신비나 초능력과 거리를 두는 유가儒家에서도 예지능력을 가진 이들이 적지 않았는데, 주관적이고 실천적인 유학儒學인 양명학陽明學으로 유명한 명나라의 왕수인(王守仁, 호 陽明)도 그중 한 사람이다. 그는 꿈이나 생시에 오늘 누가 온다고 하면 실제 그 사람이 오는 등 예지적인 능력을 종종 보였다. “선생님, 귀신이 들렸습니까? 어떻게 그런 것을 알 수 있습니까?” 하는 제자들의 질문에 그는 “그런 것을 아는 내가 이상한 것이 아니라 모르는 너희들이 비정상이다. 본래 사람의 영靈은 맑아서 그런 능력이 있으나, 살면서 오욕칠정으로 흐려졌기 때문에 그것을 볼 수 없을 뿐이다”고 했는데 그의 대답은 불교 참선의 원리와 흡사하다.

어릴 때부터 총명과 기백이 남달랐던 왕양명이 18세에 처음 간 암자에서 퇴락한 방을 발견하고 그 연유를 물었더니, “노스님이 입적하면서 이 방문을 열지 말라고 하셔서 그 후 한 번도 열지 않았다”는 대답이었다. 그가 옛 상좌의 만류에도 불구하고 방문을 열었더니, 한 노승이 가부좌를 틀고 있어 정신을 차려서 다시 보니, 노승은 연기처럼 사라지고 벽에는 ‘18년 후에 이 방문을 여는 자가 나의 후신이다’는 글이 붙어 있었다는 일화가 있는데, 윤회의 존재를 고집하지 않는 유가에서도 ‘그는 아마 오랜 수련으로 혜안을 얻은 선승禪僧의 환생還生일 것이라’고 전해온다.

첨단과학 시대인 오늘날 국내외에서 수맥·온천·지하공간뿐만 아니라 유전과 가스전의 탐사로 유명한 이종창 신부(1934년생, 마산교구)는 『과학적 심령탐사』와 『땅굴탐사 33년 총정리』란 저서에서 심령적인 초능력을 밝히고 있다. 그의 경험과 이론에 의하면, 누구나 심령탐사(서양에서는 dowsing이라 함)를 배우면 가느다란 막대나 추 같은 도구로써 수맥이나 땅속의 공간을 찾을 수 있는데, 사람에 따른 차이는 그 숙달의 속도와 정확도에 있을 뿐이다. 이 원리는 예시적인 꿈이나 환상과 같이 모든 인간의 영혼에 본래부터 잠재되어 있는 초현실적인 능력을 개인적인 수련으로 계발시키는 것이다.

이와 같이 인간의 영적인 예지력의 표상인 특이한 꿈, 환상, 예언, 점 등과 귀납적으로는 대체로 적중되는 명리학, 관상 등을 아직까지 과학적으로 규명되지 않았다고 해서 완전히 무시해버려도 되는가? 이런 보편적으로 경험하는 현상과 수단들의 효과는 쉽게 부인하기 어려운데도, 대다수 사람들의 사고가 미치지 않는 영역에 속한다고 해서, 한 치 앞도 알 수 없는 자신의 미래를 개척해 나가는 데 전혀 참고하지 말아야 하는가? 그래서 인류가 수천 년간 활용해온 지혜를 일체 불신하고 미래에 대해선 장님으로 살아가는 것이 과연 현명하다고 할 수 있을까.

2. 운명이란 과연 있는가

나이가 들어 세상사를 많이 보고 들은 사람들은 대개 '사람의 수명은 이미 정해진 것이 있다(人命在天)'고 믿는다. 그렇다면 사람의 길흉화복은 미리 정해져 있지 않다는 것도 좀 이상하지 않는가? 게다가 잘 생긴 얼굴을 타고난 사람의 팔자가 예외를 찾지 못할 정도로 대개 좋은데, 타고난 운명이 없다고 말하는 것 역시 자가당착이 아닐 수 없다.

여기서 잘 생긴 얼굴이란 관상학적으로 잘 생긴 것을 말하므로 오늘날 젊은이들이 좋아하는 유형과는 다를 수 있다. 그래서 동양에서는 예로부터 사생유명死生有命과 부귀재천富貴在天을 믿어 의심치 않았던 것이다.

현대 과학시대에 사는 우리는 '인간은 정자와 난자의 수정 후 염색체에 있는 유전자(DNA)의 작용으로 만들어지는 줄기세포에 의해 살과 뼈와 내장이 형성되어 태어난 하나의 살아있는 유기체'로 알고 있다. 그런데 인간이 생물학적인 유전에 의해서만 태어난다면 몸과 얼굴과 성격이 부모를 닮는 것은 당연하지만, 이목구비를 비롯해서 손금과 발바닥을 포함한 신체의 구석구석이 그의 운명을 나타내고 있는 것은 설명할 길이 없다. 왜냐하면 신체와 성격은 부모를 어느 정도 닮지만 자식의 운명은 전혀 다른 경우가 많기 때문이다.

　사람의 운명이 신체에 가시적으로 드러난 것을 알아내는 것을 관상이라 하는데, 이것은 자세, 피부, 골격, 손금, 발금, 목소리 등을 대상으로 한다. 그러나 사람의 운명이 신체의 구석구석에 반영되어 유기적으로 나타나는 그 불가사의한 메커니즘을 아직 모를 뿐이다. 그렇다고 해서 인류가 수천 년간 탐구하고 연마해 온 명리학, 관상학, 수상手相학, 풍수학, 참선을 통해 얻는 혜안, 치성과 기도의 효과, 예시적인 꿈, 초능력 등을 모두 믿을 것이 못 된다거나 일종의 미신으로 취급하는 것은 과학을 빙자한 또 다른 비합리라 할 수 있다.

　사람의 미래나 운명을 아는 방법에는 태어난 년·월·일·시를 통해서 아는 사주, 얼굴과 몸을 살펴서 아는 관상, 점을 치는 복술卜術, 귀신을 통해서 아는 신점神占, 그 외에도 타고난 초능력이나 오랜 수도에서 얻은 혜안 등이 있다. 이들 중에서 일반적인 것은 사주와 관상과 점이라 할 수 있으나 가장 많이 이용되는 것은 사주학 즉 명리학이다. 이들은 모두 다른 체계에 근거한 방법이지만 그 결과는 완전히 일치하거나 거의 비슷하며 이들을 통해 개인의 일생 즉 운명뿐만 아니라 그의 성격과 체질까지도 알 수 있는데, 이에 대해서는 이미 방송·신문·잡지 등에서 심층 취재된 바 있다.

관상이나 명리학은 누구나 배우면 어느 정도 알 수 있다. 물론 개인의 소질과 노력에 따라서 보다 정확하게, 깊고 넓게 보고 해석할 수 있는가의 문제이지 초능력자나 특정인 외에는 접근할 수 없는 신비한 분야가 아니라는 것이 초능력이나 점과는 다른 보편성을 갖는다.

3. 우연인가 필연인가

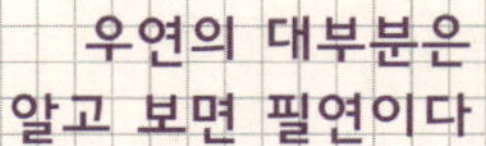

법정 스님도 자신의 운명에 대한 일화를 밝힌 적이 있다. 목포에서 고등학교를 다닐 때 어느 날 친구의 집을 방문하니 마침 친구는 없고 친구의 어머니와 낯선 아주머니가 이야기를 하고 있었다. 곧 돌아온다기에 툇마루의 한쪽에서 기다리고 있는데, 둘 사이의 이야기를 끝낸 친구 어머니가 그 아주머니에게 "저 총각의 장래는 어떤가?" 하고 물었다. 그 아주머니는 머뭇거리지 않고 "저 학생은 높은 하늘의 별처럼 평생 고독하게 살 팔자다"고 했다.

이제까지 승려도 많지만 법정 스님처럼 고독한 곳을 찾아 옮겨 다니며 수행한 이도 드물다. 그러다 보니 풍란처럼 귀한 향기를 뿜는 글을 써서 속세의 수많은 독자로부터 사랑과 존경을 받았으나, 조금도 흐트러짐이 없이 끝까지 고고孤高하게 살다 열반했다. 그 아주머니에 대해선 더 이상 언급이 없으나, 법정 스님의 운명에 대한 그녀의 묘사는 비록 한 문장에 불과하지만 더 이상 딱 부러지게 맞을 수가 없다.

칠팔십 년대에는 해외에 이민을 가는 바람이 분 적이 있었다. 일촉즉발의 남북대치 상태에서 제1, 2차 오일쇼크가 어려운 경제를 더욱 불안하게 뒤흔드니, 머리 회전과 행동이 빠른 사람들 가운데 조국에 대한 미련을 접고 안보불안이 없고 자원이 풍부하다는 장점 때문에, 미국과 달리 연고자가 없고 더 먼 아르헨티나와 브라질 등으로 이민을 떠나곤 했다.

그들 가운데는 자녀들이 비교적 어린 단출한 신세대의 가족이 많았는데, 서울에 사는 한 가정도 몇 년 전부터 현지를 방문하는 등 갖은 노력을 해서 이민이 가능한 단계에 접어들자 드디어 양가 부모에게도 알렸다. 막상 너무나 먼 남미로 살러 간다니 두렵기도 하고 섭섭해서 그의 장모가 평소 가까이하지 않던 먼 친척이 하는 철학관을 찾았다. 그 역술가는 두 사람의 사주를 보더니 "이들이 이민을 간다면 내 손가락에 장을 지지겠소"라고 하면서 절대로 이민을 갈 운이 없다고 했다.

돌아와 그 말을 딸에게 전했으나, 그들은 운명 같은 것을 믿지 않는 신세대이고 이미 이민 준비가 많이 된 터라 씨알도 먹히지 않았다. 그 후 수속이 마무리되고 가구들을 정리해서 버릴 것은 버리고 형제들에게 줄 것은 주고, 가져갈 것은 컨테이너에 싣기 좋게 묶어 두고 그날 밤은 근처 여관에서 보냈다. 그런데 다음 날 아침에 집에 와 보니 모든 짐이 사라지고 없었다. 결국 그들은 이 땅에서 계속 살 수밖에 없었다.

40대 중반의 어느 대기업의 임원은 60세 전후에 생명이 왔다 갔다 하는 중병을 겪을 것이니 평소 건강에 조심하고 기도하라는 말을 누님으로부터 들었다. 그녀는 평소 절에 다니고 역술 같은 것을 믿어서 해마다 연초에는 신수를 알아보려 그 지역에서 유명한 사주철학관을 찾곤 했다. 우선 식구들의 신수를 본 후에는 친정 남동생의 사주 또는 운세를 물어보고 결과를 전해주곤 했다.

그는 이 좋지 않은 얘기를 듣고서 처음에는 꺼림칙했지만, 15년 후의 일이고 바쁜 회사의 업무에 쫓기다 보니 곧 마음의 부담도 없어졌다. 그러나 평소의 생각과 같이 기름진 음식과 과음에 조금 더 유의하긴 했지만, 종교가 없는 그가 기도를 하진 않았다. 그런데 세월이 흘러 그의 나이 60세 즉 환갑 해의 정기 신체검사에서 대장암의 징후가 발견되어, 온갖 검사와 관찰 끝에 유명한 병원에서 수술을 받았다. 비록 초기의 암에 불과했지만 암의 위치가 수술하기에 어려운 곳이라, 전신마취에 긴 수술과 수혈까지 받는 큰 수술이었다.

우선 앞의 사례들만 보아도 우연의 일치라고 하기에는 너무나 분명한, '이미 정해져 있는 뭔가'가 있다는 것을 부인할 수 없을 것이다.

4. 경계인과 명의名醫

언제부턴가 한의학 이론인 사상의학四象醫學이 유행하면서 방송에서는 각자가 4가지 체질 중 어느 것에 속하며, 그에 따라 어떤 음식을 먹고 어떤 것을 피하는 게 좋다는 담론이 이어지고 있다. 그런데 체질상 태양인·소양인·태음인·소음인 가운데 어느 하나의 특질에 잘 맞는 이도 있겠지만, 소양인도 아니고 소음인도 아닌 경계인도 많이 있고, 이 4가지 특성을 골고루 갖추고 있는 소위 무소속 통합형의 체질도 있을 수 있다.

사상의학에서 체질을 감별하는 데는 그 사람의 모양과 성격을 직접 관찰하거나 또는 당사자를 보지 않고 그의 사주 즉, 태어난 연·월·일·시로써 알아내는 방법이 있다. 이와 같이 사주는 그 사람의 성격뿐만 아니라 체질에도 직결되어 있다는 것을 알 수 있다.

어느 한 체질의 특성에 잘 맞는 경우에는 경험 있는 한의사라면 쉽게 알 수 있겠지만, 특성이 희미하거나 경계인의 체질인 경우에는 우선 체질을 제대로 감별할 능력이 있는 명의 한 명을 만나고 볼 일이다. 평범한 의사들의 수많은 진찰이 별 도움이 안 되듯이,

개인의 미래에 대한 상담 역시 제대로 아는 한 사람을 만나야 되는 것이다.

이와 마찬가지로 사람의 타고난 운명도 강한 것과 약한 것이 있고, 단순한 것과 복잡한 게 있고, 후천적으로 변하기 어려운 것과 비교적 변하기 쉬운 게 있고, 차별적인 것과 밋밋한 게 있다.

예를 들면 박정희 전 대통령의 경우처럼 가장 강한 사맹사주(四孟四柱, 연·월·일·시의 地支가 사계절의 첫 글자 즉 四孟인 寅申巳亥로 강력한 통치자인 동시에 파란만장한 혁명가의 운명)와 김영삼 전 대통령의 혼자서 독판치는, 아주 좋은 사말사주(四末四柱, 연·월·일·시의 地支가 사계절의 끝 글자 즉 四末인 辰戌丑未가 모두 土이므로 최고 남자 우두머리 또는 독판치는 화류계의 마담의 운명)도 있다. 드물긴 하지만 한평생 이력서 한 줄뿐인 간단한 사주가 있는가 하면, 온갖 직업과 역경을 겪거나 여러 여자와 결혼해서 복잡하게 얽혀서 살아야 하는 복잡다단한 사주도 있다.

한편 주위의 도움으로 쉽게 개선되는 운을 타고난 사주가 있는가 하면, 부모나 배우자의 지극한 정성과 도움이 있어도 끝내 풀리지 않는 나쁜 사주도 있다.

조계종 종정인 진제 스님은 1934년 남해군의 평범한 농부의 7남매 중 넷째로 태어나 20세 되던 해 아버지를 따라 해관암海觀庵이라는 사찰에 갔다가, 조계종 초대 종정이었던 석우石友 선사를 친견한 것이 출가의 인연이 되었다. 석우 선사는 그를 보더니 대뜸 이렇게 말했다.

"세상의 생활도 좋지만 그보다 더 값진 생활이 있으니, 그대가 한번 해 보지 않겠는가?"

"무엇이 그리 값진 생활입니까?"

"범부凡夫가 위대한 부처가 되는 법이 있네. 이 세상에 한 번 태어나지 않은 셈치고 수행의 길을 가보는 것이 어떻겠는가?"

그래서 며칠간 그 암자에 머물면서 수행하는 스님들의 생활을 유심히 살펴보게 되었는데, 세속에서는 볼 수 없었던 청정한 수행 생활을 하는 삶에 큰 환희를 느껴, 그길로 집에 돌아와 부모의 허락을 얻은 후 출가하게 되었다.

그러므로 환자가 명의를 만나는 것이 행운이듯이, 사람이 좋은 선생을 만나거나 인생의 멘토(mentor)를 만나서 진로를 열어가는 데 도움을 받는 것은 크나큰 행운이다. 만약 이런 행운을 만나지 못한 슬기로운 자라면, 인생을 떳떳하고 유익하게 살기 위해 스스로 노력할 뿐만 아니라, 평소 현명한 자를 가까이 하면서 수천 년 누적된 동양의 지혜도 활용해 보려고 하지 않겠는가?

5. 운명을 대충이라도 알 수 있다면

누구나 태어난 후 처음 닥치는 갈림길인 중 또는 고등학교 시절에 인문계와 자연계를 선택해야 하는 것과, 대학입시를 앞두고 전공학과를 결정하는 일에서 막연하거나 당황했던 경험이 있다. 그렇다 보니 개개인의 운명은 말할 것도 없고 소질조차도 잘 모르는 담임선생이나 학부모가 성적이나 시류에 맞추어 학과를 선택하기도 한다. 그 결과 힘들고 성공적이지 못한 대학 4년을 보낸다든가 아니면, 어렵게 전과하거나 재수해서 다시 입학하는 경우도 적지 않다.

비록 오래된 예이지만, 1965년 서울대 입학생 약 2,300명에 대해 입학 몇 달 후 실시한 조사에 의하면 자신의 소질에 맞는 과에 들어왔다고 생각하는 학생이 약 25%에 불과했다. 이 비율은 그나마 비교적 소질에 맞게 진학한 예체능계 입학생을 제외하면 더 낮을 것이다. 그리고 전체 입학생 가운데 재수 이상 비율이 약 48%인 것을 감안하면 더욱 놀라운 수치다. 이것은 당시 가난한 사회에서 행해지던, 적성 위주가 아닌 학교 위주 즉 '우선 원하는 대학에 들어가고 보자는 식' 대학진학의 한 단면이리라.

그간 50년이 지나는 동안, 학과 선택의 경우 수시모집이라든가, 계열별로 묶어 놓은 학부제 및 자율전공학부 등, 비교적 합리적으로 선택할 수 있도록 제도적인 개선이 조금씩 확대되어 왔으나, 자신의 소질에 맞는 학과를 선택하는 비율이 여전히 낮다.

2014학년도 통계에 의하면, 서울 소재 4년제 대학의 입학생 중 재수생(3수 포함) 비율은 31.8%이고, 상위 대학의 경우에는 40% 가까이 된다. 한편 4년제 대학 3·4학년을 대상으로 실시한 조사에 의하면, 어렵게 입학해서도 적성에 맞지 않아 전공선택을 후회하는 비율이 30%를 넘는다. 그리고 복수전공이 폭넓게 시행되고 있는데도 취업 등을 고려해서 기회가 된다면, 전공을 바꿀 의사가 있다는 학생이 거의 60%나 되는 것은 개인적으로나 사회적으로 심각한 문제가 아닐 수 없다.

그런데 이와 유사한 문제는 대학 졸업 후의 진로 선택에서도 겪게 된다. 소질이 특별히 드러나지 않는 다수 졸업생들의 경우, 일반 기업체에 취직할지 우선 대학원에 진학하거나 해외유학을 할지, 힘든 시험공부를 해서 공무원이나 법조인이 되어야 할지, 처음부터 정치 또는 사회단체로 진출해야 할지 막막하기는 마찬가지다.

비록 선택의 폭이 비교적 좁다는 기술계통인 경우에도, 같은 학과를 졸업한 후 설계, 생산, 관리, 영업, 연구 등의 분야에서 일하거나 공무원이 되거나 또는 전혀 다른 분야에서 일하는 경우도 적지 않다. 그리고 같은 학과를 전공하더라도 입사 후 자기가 원하는 분야에서 일할 수 없는 경우도 적지 않다. 특히 영업 분야에서는 그 직무에 요구되는 것이 전공한 기술보다 타고난 영업적인 소질을 더 필요로 하는 경우가 많다.

더욱이 나이가 들어가면서 동일한 회사나 비슷한 계통에서 부서를 옮겨가며 이것저것 경험하다, 나중에는 마치 '군대에서 장성은 병과가 없다'는 말처럼 상위 관리자나 경영자가 되면 전공의 중요도는 약 30%에 그칠 뿐이다. 게다가 최고경영자(CEO)가 되거나 자영업을 하는 경우에는 자신이 배우거나 종사한 전공의 중요도는 그다지 중요하지 않은 상황에 처하기도 한다. 이와 같이 인생의 행로란 그야말로 복잡다단한 변화를 거치게 되는 경우도 많다.

이처럼 복잡하고 알 수 없는 미래일수록, 자신의 운명을 대충이라도 알 수 있다면, 깜깜히 비슷한 상황에서 인생의 행로를 선택하는 것보다는 훨씬 도움이 되지 않겠는가?

6. 운명을 알면 왜 유리한가

광산업을 하는 사람이 사전에 각종 탐사기술을 동원해서 대략적이나마 광맥의 분포와 매장량을 미리 알고서 채광에 들어가는 것과, 그렇지 않은 것은 그 결과에 있어서 엄청난 차이가 있듯이 우리의 인생도 마찬가지라 할 수 있다. 따라서 개인의 소질을 무시해서도 안 되는 것처럼, 과학으로 해석되지 않는 운명을 미신 취급해서 아예 존재하지 않는 것으로 보는 것 역시, 수천 년간 쌓인 인류의 지식과 지혜를 외면하는 무모한 태도라 하겠다.

자신이 태어난 연·월·일·시 즉 사주나 관상으로써 운명을 미리 알고서, 큰 일을 성사시킨 사례는 우리의 역사에도 무수히 많다. 그중 이씨 조선을 개국한 이성계의 사례는 누구나 알고 있지만, 5·16쿠데타를 일으켜 민족중흥을 이룩한 박정희 대통령에 대해서는 모르는 이가 많다.

일찍이 그가 육군 소령으로 경북 영주역에서 연착하는 기차를 기다리다 심심풀이로 사주를 보았더니 시골 역술가는 장차 왕이 될 사주라고 했다. 뿐만 아니라 그 후 그가 부산에서 군수기지 사령관으로 근무할 때, 졸병으로 근무하던 박재현(후에 속칭 박도사로 불린 유명한 역술가)에게서 "장군에서 끝나지 않고 앞으로 제왕이 될 수 있는 운명의 소유자"라는 말을 들었다.

한편 1961년 5·16쿠데타 전에 육영수 여사도 답답하고 불안한 마음에서 당시 유명한 철학관을 찾았더니 '곧 대장이 될 것이니 너무 걱정하지 마라'는 말을 들었다고 한다. 그 역술가와 친한 인사를 통한 후일담에 의하면 당시 박정희 소장의 사주는 제왕의 사주이지만, 극히 엄중한 천기를 함부로 입에 올리지 않는 그 세계의 불문율에 따라 '곧 대장으로 승진할 것이다'고 변죽만 울리면서 안심시켰던 것이다. 그리고 그 역술가는 1979년 초부터 '박 대통령의 운도 다했다'는 말을 가끔 가까운 친구들에게 흘리더라는 일화가 있다.

한편 그가 쿠데타 전에 신뢰하던 부하인 박태준 대령을 일부러 거사에서 제외시키면서 만약 실패할 경우에는 가족을 돌봐달라는 부탁을 했다고 전한다. 이처럼 지극히 위험하고 불안한 큰일을 도모하고 실행하는 과정에서, 자신의 운명에 대한 믿음이 매우 긍정적으로 작용하지 않았다고 말할 수 있겠는가? 더욱이 당시의 국내외 상황은 쿠데타에 성공하는 일보다 집권 후 국가를 발전시키는 과제가 훨씬 더 어려운 과제라는 데 이론이 없을 정도로 비관적인 전망이 팽배해 있었다.

운명을 알면 천명天命에 순응하여 진퇴를 결정할 수 있다. 인간은 지위가 높아질수록 나이가 들수록 욕심은 오히려 많아지므로,

그 상태에서 자제하거나 물러나기가 참으로 어렵다. 예를 들자면 한때 만사형통으로 여러 사람들의 입에 오르내린 영일대군의 경우다. 2007년 12월에 동생이 큰 표 차로 대통령에 당선되자 주위의 다수가 그에게 이듬해 총선에 출마하지 말고 물러나서 원로이자 친형으로서 그만이 할 수 있는 자문이나 하는 것이 나라와 자신에게 최선이라고 충고했다.

그러나 그는 고령에도 불구하고 노욕老慾을 억제치 못해 끝까지 권력을 향유하다 수백 억을 가지고도 몇 억의 수뢰가 탄로나서 온갖 수모를 받으며 영어의 몸으로 추락했다. 만약 그가 운명이나 항룡유회(亢龍有悔, 하늘 끝까지 올라간 용이 내려갈 길밖에 없다는 뜻으로 부귀영달이 극에 달한 사람은 과욕을 삼가고 적당한 선에서 만족할 줄 알아야지 그렇지 않으면 일을 망치게 된다는 말)라는 주역의 이치를 이해하고 실천했더라면 그간 재계와 정계에서 쌓은 화려한 업적을 그렇게 허물어 버리지는 않았을 것이다.

그러므로 예로부터 위험한 일이나 큰일을 앞둔 사람들은 자신의 미래 즉 운명을 대충이라도 앎으로써, 뚜렷한 사생관死生觀과 결단력을 가질 수 있어 남다른 추진력을 발휘할 수 있었던 것이다. 이와 같이 운명은 보통사람의 경우에도, 인생의 크고 작은 행로에서 현명하게 판단하는 데 참고할 수 있는 훌륭한 지침 또는 좌표로 활용되어 왔던 것이다.

  그런데 사람의 수준에 따라 다를 수 있겠지만, 점쟁이와 무당을 가까이 해서 패가망신한 사례는 흔하나, 사주나 관상을 보거나 그것을 믿어서 잘못된 경우 즉, 좋은 운명을 믿고서 스스로 노력을 게을리해서 실패한 인생은 주위에서 찾기 어려운 것도 사실이다.

  그리고 자신의 미래를 알고 준비하는 사람은 운명이 배신하지 않는다는 말이 있는데, 깊이 음미해 볼 가치가 있는 금언이라 하겠다.

7. 사주와 관상

태어난 연·월·일·시만으로 그 사람의 운명을 알아내는 (사주)명리학은 완벽한가? 만약 완벽하다면 비록 시대나 환경이 다를지라도 같은 사주를 타고난 사람들의 인생은 비슷해야 하고, 특히 한날 한시에 태어난 일란성 쌍둥이의 운명은 꼭 같아야 하지 않겠는가 하는 반론이 제기되곤 한다.

우선, 사주가 같은 정도가 아니라 거의 동시에 태어나는 일란성 쌍둥이의 경우는 어떨까? 일란성 쌍둥이의 운명과 성격의 유사성에 대한 사례는 많지만 그중 하나는, 미네소타대학에서 제임스란 이름을 가진 일란성 쌍둥이를 비교연구한 사례가 있다. 이 둘은 생후 3주 만에 헤어져 평생을 따로 살다 32세에 다시 만났다. 비교해 봤더니 둘 다 이혼했고, 전처 이름, 아들 이름, 개 이름, 특이한 습성, 싫어하는 스포츠, 자주 가는 휴양지가 같고, 직업도 같았다. 그리고 둘이 행복을 느끼는 정도와 빈도, 상황 역시 비슷했다. 유전적으로 동일한 일란성 쌍둥이지만 태어나자 곧바로 전혀 다른 환경에서 32년을 살았는데도 불구하고 이렇게 같은 것은 놀라운 일이 아닐 수 없다.

이와 다른 예도 있는데, 관상가 신기원이 2013년 조선일보와의 인터뷰에서 밝힌 사례는 다음과 같다. "5분 차이로 형과 아우가 된 일란성 쌍둥이가 있다. 사주도 얼굴도 똑같다. 형은 강남에서 잘나가는 의사이고, 동생은 고시에 실패하고 병원 사무장으로 일한다. 의사인 형은 내가 강의하는 관상학 학원에서 수년간 수업을 들었다. 그런 형이 봐도 자신과 동생의 인생을 가른 관상의 차이를 알 수 없었던 모양이다. 어느 날 형이 아우를 데리고 내게 왔다.

다 똑같아 보이는데 동생은 눈의 신기神氣가 약했다. 그리고 목소리가 달랐다. 청아한 형에 비해 동생은 거칠거칠했다. 마의상법麻衣相法에는 관상의 완성을 목소리라고 본다. 다른 모든 것이 좋아도 목소리가 나쁘면 완벽한 관상이 못 된다. 그런 예가 바로 김종필 씨다. 그는 세상에 없는 귀한 상이다. 그런데도 그가 최고 권좌에 못 오른 것은 탁성 때문이다."

그리고 명나라 태조인 주원장과 동시대에 살았던 사람으로, 주원장과 사주가 같았던 사람이 두 명 있었다. 한 명은 중원의 갑부 심만섭이고, 또 한 사람은 거지대장 조목탁이다. 이들 세 사람은 사주는 같지만 상이 서로 달라 주원장은 사람의 우두머리인 인중지왕人中之王, 심만섭은 재부지왕財富之王, 조목탁은 거지의 왕인 걸개지왕乞丐之王이 되었던 것이다. (신기원 저 『신기원의 꼴 관상학』)

위의 세 사례를 보면 태어난 사주만으로 판단하는 명리학은 완벽할 수 없다는 것을 알 수 있다. 그리고 사주는 출생과 동시에 고정되어 있으나 관상의 대상인 안색·표정·비척도 등은 살아가면서 다소 변하거나 흉터 같은 것이 생겨나기도 하므로, 관상이 더 정확할 수밖에 없다. 그래서 사주보다 관상이 더 중요하고, 관상보다 음상音相이 더 중요하다(四柱不如觀相, 觀相不如音相)는 말이 있다. 그리고 신기원은 상相은 어떤 마음가짐으로 살아가느냐에 따라서 어느 정도 바뀔 수 있음을 강조한다.

관상이란 관형찰색觀形察色으로, 장기적인 운명은 생긴 모양을 보고, 단기적인 운세는 항상 다소의 변화가 있는 기색氣色을 살피는 것이다. 신기원은 관상에는 한계가 없으며 자신의 공부가 부족해 못 읽을 뿐이라고 하지만, 충분한 공부로 완벽한 능력에 이른다는 것도 예외에 속하므로 관상 역시 완벽하기를 기대할 수는 없다.

그러므로 명리학의 틈새 또는 미치지 못하는 미세한 부분은 관상이 보완할 수 있고, 반대로 관상의 틈새는 명리학이 보완할 수 있다. 이와 같이 각각의 특성과 장점이 있으므로 상호보완적이라 할 수 있는데, 관상의 대가들은 대개 명리학에도 통달하고 있다.

또 다른 사례는 세조와 사주가 똑같은 여자가 있는데, 세조가 왕위에 등극할 때 그 여자는 과부가 되었고, 세조가 아들을 낳았을 때 이 여자는 하나 있던 아들마저 잃어서 혈혈단신이 되었다거나〈서거정의 필원잡기〉, 한말의 고종과 당시 기생의 사주가 꼭 같은데, 왜 한 사람은 가장 귀한 황제가 되고 한 사람은 천한 기생으로 살았느냐고 반론을 펴기도 한다.

그러나 이것은 문외한의 유치한 질문일 뿐이다. 사주란 우선 당사자가 남자냐 여자냐에 따라 좋고 나쁨이 확연히 갈리는데, 남자에게 매우 좋은 사주가 여자에게는 팔자가 세거나 박복한 사주가 되고, 반대로 여자에게 좋은 사주는 남자에겐 대체로 안 좋은 사주가 될 수밖에 없다. 이것은 관상과 음상에서도 동일한데, 남자 같은 얼굴이나 목소리를 지닌 여자치고 운명이 좋은 경우가 없는 것과 같은 이치로, 남녀 즉 음양이 상반되는 원리에 부합하는 현상이라 하겠다.

　같은 해 태어난 사람 가운데 사주(八字)가 다른 경우는 4,320(=1/年×12/月×30/日×12/時)이고, 여기에 남·녀를 감안해도 8,640이므로 8,640명마다 같은 사주가 있을 수 있는데, 그러면 같은 사주를 가진 이들은 인성人性과 운명이 꼭 같은가 하는 의문을 제기할 수 있다.

　물론 인성과 달리 실제 일생은 사주뿐만 아니라 태어난 시대의 지리적·사회적·인연적 즉, 주위 환경의 영향을 어느 정도 받으므로 꼭 같은 운명의 삶을 산다고 할 수는 없다. 한편, 태어난 연·월·일과는 달리, 태어난 시에는 최대 약 2시간의 시차가 있다. 하루를 너무 잘게 나누지 못해 12시간으로 나눈 것이므로, 밤12시에 출생한 경우가 같은 자시(子時) 중에서도 쥐의 특성을 가장 많이 받지만, 밤11시와 밤1시 사이에는 수많은 다른 시각의 출생이 있을 수 있다. 이를테면 밤11시 1분과 0시 59분의 경우는 같은 자시지만 각각 돼지(亥時)와 소(丑時)의 영향을 다소 받아서 꼭 같지 않으므로, 경우의 수 8,640은 훨씬 커질 수 있는 것이다.

한편 서양에는 동양의 사주에 비해서 매우 단순한 태어난 달(月)과 날(日)만으로 사람의 성격과 운명을 알아내는 이주(二柱)라 할 수 있는 명리학이 있다. 이를테면 황소(Taurus, 4월 20일과 5월 20일 사이 출생) 별자리를 타고난 사람들 가운데서도 5월 5~6일 출생이 그 특성에 가장 가깝고, 전과 후로 갈수록 각각 숫양(Aries, 3월 20일~4월 20일)과 쌍둥이(Gemini, 5월 20일~6월 20일) 별자리의 특성에 점차 가까워지는 원리이다.

린다 굿맨은 저서 『Sun Signs』(1982년 London에서 출판)에서 12개 별자리 각각의 달에 해당하는 역사상 유명한 인물들의 성격을 예로 들면서, 타고난 달과 날에 따라 그 사람의 성격이 어느 정도 정해진다고 주장한다. 너무 단순하다 보니 운명까지는 아니지만 개인의 성격은 대체로 맞힌다는 것이 동서양 독자들의 평가이다.

소동파와 정인지의 타고난 사주 여덟 글자(丙子년 辛丑월 戊戌일 乙卯시)가 모두 같다는 설과, 소동파의 경우 日의 干支가 戊戌이 아니고 戊午라는 설이 있다. 시대적으로 360년의 차와 중국의 北宋과 조선이라는 활동무대는 달랐으나, 詩文에 뛰어난 재주와 과거의 급제운 등은 같았다. 소동파는 귀양을 많이 다니다 65세에 객사했으나, 정인지는 세조의 왕위찬탈에도 협조하여 영의정에다 83세까지 부귀영화를 누렸다.

그런데 사주의 8글자가 꼭 같은 경우의 수는 12,960,000時(=60/年×60/月×60/日×60/時)인데, 이것은 1,080,000日(=12,960,000/12時)이고 약 3천年(2,959=1,080,000/365日)에 해당한다. 따라서 약 3천 년마다 동일한 사주(8글자)가 반복되므로, 360년 늦게 출생한 정인지의 8글자와 같을 수 없다.

8. 관상을 사업에 활용한 사례

관상은 명리학과 달리 상대방이 눈치채지 못할 정도로 짧은 시간에 사람의 성격과 운명을 대충 알 수 있는 것이 장점이다. 그러므로 관상은 사업이나 특히 대인관계에서 활용하기에 편리하다. 물론 유명한 관상가들은 대개 사주에도 조예가 깊어 정밀하게 볼 필요가 있는 경우에는 사주풀이를 해 봄으로써 보다 완벽을 기할 수 있다. 관상의 신속함에 대한 사례가 많지만 가까이는 JP(김종필)가 5·16거사를 1주일 앞두고 관상가를 찾은 일을 들 수 있다.

죽느냐 사느냐, 성공하면 영웅이고 실패하면 반역자로 사형당할 거라는 불안 속에 있을 때 육사 동기이자 가까이 근무하는 석정선의 권유로, 당시 유명하던 백운학白雲鶴을 만나러 남들 눈에 안 띄게 아침 7시쯤 종로의 여관으로 갔다. 그러나 이미 몇 사람이 와 있었으므로 두 사람은 멀찌감치 방 건너편의 의자에서 기다리고 있는데, 50대 중반의 백운학이 JP를 보더니 대뜸 "거기 의자에 앉아 있는 손님, 이리 와 보셔. 얼굴을 보니 세상을 뒤엎으려고 하네."라고 했다. 그 순간 JP는 동행한 친구도 모르는 5·16거사 계획이 여러 사람들 앞에서 탄로날까 매우 당황했다고 한다. 이어서 그는 "뒤엎겠어, 성공하겠어!"라고 해서 한편으로 안심도 됐다고 한다.

한편, 고 박정희 대통령과 당대의 역술가 지창룡과의 일화는 유명한데, 과거 구전과 일부 매체를 통해 소개된 이야기와는 좀 다르나, 현재 한국역학협회 전용원 회장이 스승 지창룡에게서 직접 듣고 전하는 이야기는 대략 다음과 같다.

1961년 5·16 거사 바로 직전, 박정희 소장이 지창룡을 찾았으나 이름과 직업 등 일체 신분을 밝히지 않고, "큰일을 하려는데 되겠습니까, 안 되겠습니까?"로 단순하게 물었다. 지창룡 선생은 나이만 묻고는 "틀림없다"고 답한 것이 전부라고 한다.

후일담이지만, 전 회장 역시 그의 판단이 궁금해서 질문했더니, 그는 박 소장의 기색과 골상으로 그가 장수라는 것은 바로 알았으며, "철면은아 병권만리(鐵面銀牙 兵權萬里)"의 상이었다고 말했다. 즉 얼굴이 무쇠솥처럼 검고 윤기 나고, 치아가 은색이면 병권이 만리, 즉 병권이 천하에 떨친다는 이야기인데, 《마의상법》《유장상법》 등 중국에서 전래되는 상학相學 관련 73종의 책에 공통적으로 기술되어 있는 내용이라 했다.

사람을 알아보는 거울(知人之鑑)이라는 관상을 사업에 활용한 사례로는 삼성그룹의 창업주 이병철 회장이 유명하다. 그는 지창룡·백운학·박재현 같은 국내 제일의 역술가뿐만 아니라 대만과 홍콩의 유명인의 자문을 받으며, 신입사원 채용이나 임원 승진 때 활용한 것은 잘 알려진 사실이다. 그가 원하는 인재란 유능하면서 진국이고 단정한 사람이다. '의심스러우면 쓰지 말고, 썼으면 의심하지 마라(疑人勿用, 用人勿疑)'는 인사에 실패한 적이 거의 없는 그의 좌우명인데, 그래서 그런지 삼성에는 노조가 없다고 말하는 이들이 많다.

한편 착한 식당을 찾아내는 한 TV프로그램을 보면 양심적인 업소의 주인은 한결같이 그늘이 없는 얼굴이더라는 기자의 말에 신기원 씨는 이것 역시 우연이 아니라고 했다. "관상학적으로 진선지인(眞善之人), 즉 근본이 착한 사람들이다. 요즘 말로 진국이다. 양심, 즉 좋은 마음이 얼굴에 나타나는 것이다. 우리 정도면 대번에 알아본다. 1초도 안 걸린다."

그러나 그는 "이것이 진국의 공통적인 관상이라고 말하기는 어렵다. 이목구비와 얼굴 전체의 기운이 참돼야 한다. 인상이 좋은 것과 관상이 좋은 것은 완전히 다른 차원"이라고 강조했다. 보통 사람들 눈에 호인으로 보여도, 나중에 알고 보면 탐욕스러운 사람일 수도 있다는 것이다. 그는 "뛰어난 사기꾼일수록 순박해 보이고, 강〇〇처럼 인상이 그지없이 좋은 연쇄살인마가 있을 수도 있다"고 했다. 그러나 아무리 뛰어난 사기꾼이라도 위장할 수 없는 곳이 있는데 그것은 눈동자라고 했다. 이것은 2천여 년 전 맹자도 말한 바 있다.

위의 사례를 보면 관상이나 역학에 이해가 있는 최고 경영자가 이를 사업과 경영에 활용한 경우와 그렇지 않은 경우의 결과는 너무나 큰 차이가 나는 것을 알 수 있다.

9. 유물론자와 관상

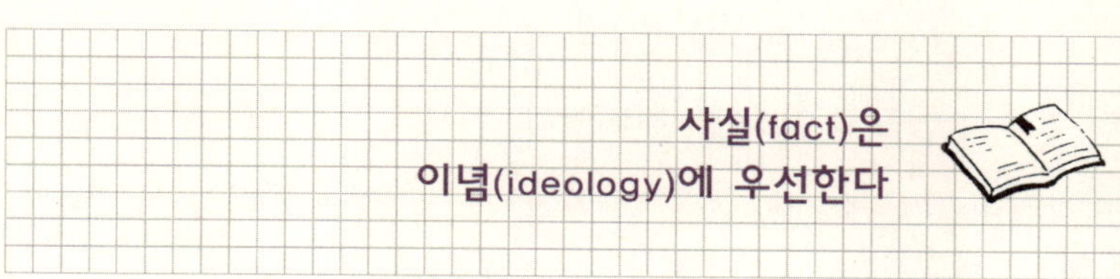

다음은 카프(KAPF·조선프롤레타리아 예술가동맹)의 발기인 및 실질적인 지도자이자 기자·시인·소설가 및 평론가로 이름을 떨치던 김팔봉(본명 金基鎭 1903~85)과 공산주의 동지였던 최창익(1895~1957)이 경험한 관상과 관련된 에피소드이다.

1934년 가을에 잡지 《靑年朝鮮》을 창간할 무렵, 팔봉八峰은 그 잡지를 들고 함경북도 웅기로 가서 축하광고를 모금해 볼까 하는 마음을 먹었다. 왜냐하면 비슷한 시기, 《三千里》라는 잡지를 창간했던 파인巴人 김동환(金東煥·1901~58)이 함북 나진의 지주들에게서 수천 원의 광고료를 받아 냈다는 사실이 귀에 들어왔기 때문이었다. 1929년 서울에서 창간된 《三千里》는 취미와 시사 중심의 월간지로 김동환 김동인 이광수 염상섭 정지용 등 당대 최고의 필진이 참여했다.

팔봉은 함북 출신의 최창익에게 길안내를 맡기기로 했는데, 최창익은 훗날 무정武亭, 김두봉 등과 함께 조선독립동맹에서 활동한 일제 강점기 독립운동가이자 공산주의자였다. 두 사람은 떠나기에 앞서 순전히 심심풀이로 왕십리의 한 관상쟁이를 찾아갔다.

그 관상쟁이는 팔봉의 얼굴을 한참 보더니 "큰 재수가 있을 그런 기운이 얼굴에 있다"는 것이었다. 팔봉은 "내가 함북 지방엘 갈 예정인데 그곳에 가서 돈을 얼마나 벌어 오겠는가"라고 물었더니, "적지 않은 돈을 얻어 오게 될 것이니 염려 말고 갔다 오라"는 것이었다.

과연 그의 말처럼 팔봉은 웅기와 나진에서 5천여 원의 축하 광고료를 벌어서 서울로 돌아왔다. 당시 5천여 원이면 큰 돈이었다. 팔봉은 그 돈으로 우선 인쇄소를 운영하기로 하고, 9포인트 활자를 주조했다. 그러던 중 그는 왕십리의 그 관상쟁이를 다시 찾아갔다.

"당신 말과 같이 이번에 적지 않은 돈을 벌어 왔는데, 그 돈으로 인쇄소를 하나 차릴 작정입니다. 인쇄소가 잘될까요?" 관상쟁이는 일언지하에 그만두라고 말리는 것이었다. 팔봉이 왜 그러느냐고 물으니, 그 돈을 그냥 가만히 가지고 있지 아무 일도 착수하지 말라며 "인쇄소를 설비해 놓았댔자 며칠 안 가서 그냥 없어지고 말 것"이라는 부언附言까지 하는 것이었다.

그러나 팔봉은 관상쟁이의 말을 듣지 않고 그냥 인쇄소를 차렸다. 애당초 관상쟁이를 찾은 것이 심심풀이였기 때문이다. 1934년 12월 1일에 인쇄소를 개업했는데 뜻밖에 엿새 뒤인 7일 새벽에 경기도 경찰부 형사들이 팔봉의 집을 급습했다. 그 후 70여 일 동안 서울과 전주의 유치장에 머물다 가까스로 석방되어 서울로 돌아왔는데, 이미 인쇄소는 최창익의 동생이 제 맘대로 처분한 뒤 줄행랑을 친 상태였다. 과연 그 관상쟁이의 예언이 적중했다.

한편, 그 관상쟁이는 최창익에게 "당신한테는 돈 대신 여자가 생길 징조가 농후하다"고 말했는데, 팔봉이 경찰에 잡힌 뒤 2주 동안 동대문 유치장에 있다가 전주로 압송됐을 무렵, 최창익은 허정숙(1902~91)과 눈이 맞아 금강산으로 밀월여행을 떠났으니 이 역시 그의 예언이 적중한 셈이었다. 일제시대의 자유연애주의자로도 유명한 허정숙은 여성운동가이자 사회주의자로 1948년 4월의 남북협상에 북측의 여성계 대표로 참여하기도 했다.

팔봉은 그 뒤 다시 그 관상쟁이를 찾지 않았다고 한다. 한때 마르크스의 유물사관을 열렬히 신봉해서 과학적 사회주의자를 자처했던 팔봉이 《수필(隨筆)》 1961년 6월호에 쓴 '관상쟁이 이야기' 가운데 다음과 같이 관상에 대한 소회를 남기고 있는데 한 번 음미해 볼 가치가 있다.

"일반적으로 세상에서 미신이라고 식자(識者)가 비웃는 여러 일들이 허망한 것이냐, 아니냐 하는 문제를 나는 아직도 해명할 수 없기 때문에 이런 이야기를 하는 것이다. 전혀 허망한 짓거리라 한다면, 어째서 내가 당한 것처럼 그의 예언이라는 것이 쇳소리가 날 만큼 들어맞는 것일까? 이같이 적중시킨 무수히 많은 예언을 과학적으로 부정할 이론을 나는 아직 듣지 못했다. 아마 나는 이 문제를 내가 죽는 날까지 해결하지 못하고 죽으려나 보다."

지금 길을 잃어버린 것은
네가 가야 할 길이 있기 때문이다

– 프랑스 속담

| 제**3**부 |

무엇이든 하면 되나

1. 무지에서 비롯된 집념

우리 사회에서는 '하면 된다'라는 말이 널리 통용되어 왔으며, 특히 학교와 기업체에서는 이와 같은 표어나 포스트가 쉽게 눈에 띈다. 이 말에는 어려운 상황이라도 최선을 다하면 이겨낼 수 있다는 '할 수 있다 정신(Can Do Spirit)'의 진취적인 의식이 내포되어 있다. 그리고 주위에는 '하면 된다'를 좌우명으로 남다른 노력을 해서 기적 같은 성공을 일군 사례도 적지 않다.

미성년자들이 성장기에 이와 같은 것을 좌우명으로 한다는 것은 대단히 격려할 만한 일이다. 또한 기업체의 일반 관리자들이 그런 적극적인 의욕을 본받는 것 역시 높이 살 일이다. 상황에 따라서는 이미 저질러진 일이라서 아무리 큰 장애물이 있더라도 어쩔 수 없이 이를 극복하고 끝마무리를 짓지 않으면 안 되는, 이를테면 달리 선택이나 변동의 여지가 없는 경우에는 '하면 된다'는 확신을 가지고 반드시 해내야 한다.

그런데 문제는 미성년자나 기업체의 하급직원의 교육용이 아닌 '하면 된다'는 정신이다. 이를테면 자영업의 밀도가 세계 1위라는 한국에서 별 차별성도 없이 너도나도 창업에 뛰어들다 보니, 인구 70명당 식당 1개에 폐업률이 95%에 달한다(2012년). 이는 식당 100개가 개업하면 95개가 실패해서 문을 닫는다는 끔찍한 현실이다. 그리고 자신의 적성에 맞거나 운명의 길도 아닌데, 사법고시나 행정고시에만 매달려 기약 없이 노력과 세월을 낭비하는 경우도 있다.

이를테면, 본인의 뜻과 무관하게 관존민비 사상에 젖은 부모의 희망과 강요에 따라 법과를 택해서 고시 공부에 몇 년을 보낸 후에는, 그때까지의 노력이 아까워서 계속 매달리고 있는 졸업생이 적지 않다. 이 경우에는 '하면 된다'가 인생을 망치는 '어리석은 자의 좌우명'이 될 수도 있다. 이처럼 잘못된 세태는 사법고시(현 사법시험)에 합격한 후 사법연수원 2년을 수료하면 과분하게도 바로 3급 고위직인 판·검사가 될 수 있고, 행정고시의 경우에도 중앙관서의 중견간부인 5급(사무관)으로 보임되는 특혜 때문이기도 하겠지만, 한편 부모와 본인이 명리학, 즉 운명과 인생에 대해 너무 무지한 탓이기도 하다.

앞에서 언급한 관상가 신기원에 의하면 한번은 서울법대를 나온 서른세 살의 사법고시 10수생이 그를 찾아왔다. "방에 들어서는데 딱 보니 경상도 선비 상이야. '관운官運이 없네!' 그랬지. 그가 털썩 앉으며 '영원히 없습니까?' 그래요. '영원히 없다'고 했지. 눈에 신기神氣가 부족했어요. 서울법대 들어간 사람이 머리가 모자랐겠어요, 10번을 했는데 노력이 모자라는 거요? 관운이 없는 거지."

출세하는 관상이 따로 있는가 하는 기자의 물음에 "관운이 좋은 사람이다. 관운은 관학당官學堂, 즉 눈이 잘 생겨야 한다. 눈에 격이 있어야 한다. 저속해서는 안 된다. 관상학의 고전인 마의상법麻衣相法에는 "눈은 관학당이니 길고 맑아야 관리의 직위를 주관한다"고 했다. 그리고 머리가 좋아야 출세하는 것 아닌가 하는 기자의 말에 그는 "머리 좋은 것하고 관운은 상관이 없다. 아무리 머리가 좋아도 관학당에 관록을 타고나지 않으면 애를 써도 출세할 수 없다."고 단언했다. 비록 '관상이 마음가짐에 우선하지 못한다(觀相不如心相)'는 말이 있긴 하지만 이는 어디까지나 극히 드문 예외일 뿐이다.

이와 같이 '하면 된다'는 말처럼 피나는 노력 또는 7전8기해서 성공하는 경우도 있겠지만 누구든지 해서 되는 것은 아니다. 즉 바꾸어 말하면 예체능계에 소질이 없는 사람의 경우처럼 어떤 분야에서는 아무리 해도 안 되는 운명을 타고난 사람도 많이 있으니, 하루 빨리 무모한 고생을 벗어나 다른 진로를 택해야 할 것이다.

2. 방임된 탐욕의 결과

역사에서 가정은 부질없다지만, 만약 근세에 시작된 동양과 서양의 교류가 없었다면 천 년이 더 지나간들 동양에 오늘날과 같은 과학문명과 민주주의가 어떻게 있으며, 서양에는 음양오행을 원리로 하는 명리학과 한의학(침과 뜸 포함)이 나올 수 있겠는가?

이처럼 엄청난 차이의 원인은 동양과 서양의 지리와 기후의 차이도, 종교적인 상이성相異性도 아닌 것 같다. 구태여 찾는다면 기독교 전파 이전부터 논리적이고 분석적이면서 인본주의적인 헬레니즘 문화와 동양의 직관적이고 통합적이면서 자연과 인간을 분리하지 않는 신비주의적 문화, 소위 천인합일天人合一 사상이 아닌가 싶다. 일반적으로 논리가 강하면 직관直觀이 약하고, 직관이 강하면 논리가 약한 법이다.

그러므로 동양에서는 '자연의 정복'같은 말은 아예 나올 수 없고, 언제나 인간으로서의 한계를 의식하면서 살아 올 수밖에 없었다. 그러다 보니 동양의 상류사회에서는 성만盛滿한 상태를 금기시하는 사상이 면면히 전해져 왔다. 이를테면 권세와 명예와 재산 어느 것이라도 한껏 번성하면 반드시 뒤탈이 나므로, 비록 잘 지켜지지는 않았지만 언제나 자기의 분수를 알고서 절제해야 한다는 사상을 가지고 있었다.

이와 같은 동양의 천명天命사상은 세상의 모든 것은 한동안 맡아서 관리하는 것일 뿐, 자신의 영원한 소유물로서 자기 마음대로 하거나, 전혀 감당치도 못할 자식에게 물려줄 수 있는 것이 아니라고 여기는 사상이다. 이것은 서양의 자본주의 발전에 기여하였다는 '직업을 하나님의 뜻인 소명召命'으로 보는 '기독교의 노동 윤리'와 청교도적 합리주의에 근거하는 청부淸富사상에 비교될 수 있다.

〈막스 베버의 『프로테스탄티즘의 윤리와 자본주의 정신』〉

그러나 정보통신기술의 발달에 비례해서 금융·생산·유통의 글로벌화로 경쟁이 더욱 치열해지는 오늘날의 물질문명에서는, 동양의 천명사상과 서양의 소명의식은 점차 사라지고 대신 끝없는 탐욕이 보편화되고 있다. 한편 생산설비의 자동화와 업무의 전산화로 인력수요는 대폭 줄어드는데, 대다수 여성들은 결혼 후에도 계속 직업을 가지려 하기 때문에, 갈수록 청년실업은 증가될 수밖에 없고 소득의 양극화 역시 심각해지는 것이 세계적인 추세다. 그래서 '세상이 소수의 고수들에겐 놀이터, 절대 다수의 하수들에겐 지옥으로 변하고 있다'는 자조와 우려가 확산되고 있는 것이다.

이런 건강하지 못한 상황에서 단기적인 경영성과에 연연하는 대기업의 경영자들은 분식회계를 해서라도, 거액의 연봉에다 과도한 스톡옵션까지 받으며 기업의 자산과 경쟁력에 큰 해를 끼치곤 한다. 이의 폐해는 미국에서 유독 심각한데 그 결과, 3대 자동차 회사들과 초대형 투자은행들의 파산이 임박해지자 달러를 무제한 발행해서 겨우 파국을 막은 실정이다.

특히 제조업을 경시하는 풍조 속에 정보통신산업의 거품이 붕괴되면서 신용도가 낮은 서민용 주택담보대출(subprime mortgage loan)의 부실이 미국의 금융위기를 촉발했다. 그간 정부의 무책임한 방임 아래 투기를 일삼던 투자은행들의 탐욕이 만든 천문학적인 액수의 파생상품이 휴지가 되면서, 2008년 9월 리먼 브라더스 국제금융회사의 파산으로 대표되는 뉴욕발 세계금융위기가 발생했다. 뒤이어 세계적인 불황과 더불어 실업이 증대되면서 '월가를 점령하라!'(Occupy Wall Street! 2009.9~2010.5)는 미국사회의 경제불안과 부조리에 항의하는 고학력 저임금과 청년실업 세대의 시위가 일어났다.

"우리는 미국 최고 부자 1%에 저항하는 99% 미국인을 대변한다" "상위 1%가 미국 전체 부의 50%를 장악하고 있다" "매일 아침 일어나서 방값 걱정, 끼니 걱정 않게 해달라"는 구호가 전국의 대도시뿐만 아니라 세계로 확산되었다. 이 구호들은 미국보다 경제위기를 겪고 있는 남유럽 4개국과 대학진학률이 세계최고인 한국에서 더욱 호소력을 발휘하고 있다.

우리나라에서는 오래 전부터 '유전무죄 무전유죄(有錢無罪 無錢有罪)'라는 사법의 불공정을 비웃는 말이 유행하더니, 근래에는 자질과 인성교육이 턱없이 부족한 재벌 3·4세에게 부와 경영이 상속되면서 천박한 '갑질 문화'라는 신조어가 생겼다. 게다가 2014년 말 대한항공기의 '땅콩 회항'사건이 터져 세계의 웃음거리가 되었고, 국내에서는 청년실업과 부의 양극화 문제로 타오르는 사회적 갈등의 불길에 기름을 끼얹은 상황이다.

이와 같은 현상들은 억제되지 않고 방임된 인간의 탐욕은 결국 국가와 사회 전체의 파멸을 야기할 수 있다는 것을 보여준다.

3. 인과응보와 윤회는 미신인가

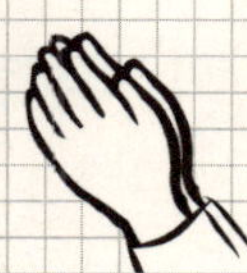

20세기 중반 미국에서 '도덕 재무장 운동'이 전개되고 초창기 UN의 평화적 역할이 커지면서, 한동안 '교육과 도덕, 자선과 사랑'이 인류의 보다 나은 미래를 이룩하리라는 희망이 있었다. 그러나 정보통신기술이 발달하고 글로벌화가 진척될수록 종교·인종·빈부에 기인하는 테러와 전쟁이 오히려 증가하고 있다. 그리고 선·후진국 가릴 것 없이 생존경쟁이 날로 격렬해짐에 따라 각종 폭력과 사기 사건은 기하급수적으로 증가하는데, 법과 수사는 해가 갈수록 뒤처지고 있다.

'무슨 짓을 해서라도 부와 권력을 누리다가, 자기 한 몸 죽으면 그것으로 모든 죄업도 사라진다'는 단순무지하고 틀린 관념을 믿기 때문에 조직폭력배들은 씻을 수 없는 악행을 주저치 않고, 보통 사람들도 법망만 피할 수 있으면 옳지 않은 일도 거리끼지 않는 것이다.

그러나 만약 자신이 저지른 크고 작은 과업은 선한 것이든 악한 것이든 반드시 자신의 남은 삶과 다음 생에 반영될 뿐만 아니라 자기의 배우자와 자손에게도 영향을 끼친다는 인과응보와 윤회를 믿게 된다면, 아무리 흉악한 사람이라도 차마 악행을 쉽게 저지르지 못할 것이다. 왜냐하면 그런 자일수록 제 식구, 특히 피붙이에 대한 애착은 오히려 강하기 때문이다.

그러면 영혼의 윤회와 인과응보는 실제로 반드시 일어나는 진리인가, 아니면 권선징악 차원에서 만들어진 오래된 허구로 미신의 하나인가?

그런데 우리는 눈에 보이거나 과학적인 것만 믿는 사회, 즉 어느 면에서는 중우衆愚사회에 살고 있다. 왜냐하면 세상에는 과학적으로 규명되지 않았지만 귀납적으로는 사실(fact)이거나, 또는 이론적으로는 해명되지 않으나 실제 효과가 있는 것도 많이 있을 뿐만 아니라, 과학으로 증명될 수 없는 성질의 것도 있기 때문이다.

예를 들면 꿈의 예시 기능을 부인하는 것이나, 침과 뜸을 비롯한 한의학의 원리를 미신 취급하는 고학력자들이 많은데, 이들이야말로 과학의 탈을 쓴 비합리적인 지식인이라 할 수 있다. 그러나 과학적 사회주의를 지향한다는 공산주의가 지배하는 중국에서는, 한의학을 제도적으로 서양의학과 동등하게 취급할 뿐만 아니라 장차 중국을 빛낼 중점 산업으로 발전시키고 있다.

마찬가지로 수천 년에 걸친 경험과 연구의 결과인 명리학과 관상학을 과학적이지 않다고 터무니없는 것으로 무시해버릴 수 있겠는가? 사주와 관상은 개인의 과거·현재·미래에 대해 더없이 중요한 정보이다. 특히 사주는 예로부터 적이 알아서는 안 되는 개인의 총체적인 정보이며, 현대의 한·중·일의 정보기관에서도 고급 정보로 활용되고 있다.

영혼의 윤회 또는 환생 역시 아직 과학으로 증명되지 않을지라도 귀납적으로는 동서고금의 수많은 사례를 통해서 확인되고 있으며, 필자처럼 불교 신자가 아닌 사람들 중에도 믿는 이가 많다. 특히 근래에는 최면이 걸린 가수면 상태에서 쉽게 개인의 전생에 접근할 수 있어, 이를 정신질환이나 심리 치료에 활용하고 있는 실정이다. 게다가 그 많은 고승高僧들의 어록과 주위에 흔한 빙의 즉 귀신들린 사람들의 사례를 봐도 영혼은 끊임없이 윤회하는 것을 짐작할 수 있다. 더욱이 윤회가 미국을 위시한 서양에서 더 긍정적으로 연구되고 있는 것은 아이러니인 동시에 주목할 점이다.

〈미국 정신의학계를 대표하는 브라이언 와이쓰 저 베스트 셀러 『나는 환생을 믿지 않았다』(Many Lives Many Masters), 성철스님 저 『영원한 자유의 길』, 숭산스님 저 『선의 나침반』, 법정스님 저서 참조〉

윤회나 환생에 대한 현시대의 실례로는 미국인 현각스님을 들 수 있다. 그의 스승 숭산스님에의하면 그는 전생에 독립군으로 일본군의 총에 죽었기 때문에 애국가를 처음 들었는데도 눈물이 나며 한국의 풍경이 마치 전부터 눈에 익은 것 같았다고 한다. 그리고 그가 죽을 때 너무 한이 맺혀 '다음 생에는 아주 강한 나라에 태어난 후 다시 돌아와 조국을 위해 살겠다'는 원을 품어 미국에서 태어나 결국 한국으로 왔으므로, 한국과는 매우 강한 업을 가진 것이다.   〈현각스님 저 『만행 하버드에서 화계사까지』 제2권 p85〜89 참조〉

또 다른 사례는 올해의 만해실천대상을 수상한 청전스님(淸典, 62세)의 일생이다. 그는 전주교대 재학 중 유신 반대 유인물을 돌리다 경찰에 붙잡혀 자퇴하고 신부가 되려고 대건신학대학(현 광주카톨릭대학)에 들어갔다. 거기서도 유신 반대운동으로 강제징집되어 군대를 마치고 복학했으나 인생에 대한 근원적인 의문이 풀리지 않아 고민하던 중, 순천 송광사에서 방장이던 구산스님에게서 "학생은 전생에 천축국(인도) 고행승이었구먼"이라는 말을 들었다. 결국 그는 24세에 송광사로 출가하여 10년간 화두를 붙들고 참선수행을 했으나 의문에 대한 갈증만 더해, 해외성지 순례를 떠났다가 인도의 다람살라에서 달라이 라마를 만나서 제자가 되었다. 당초 스승 곁에서 3년 정도 머물 예정이었으나 어느새 28년을 히말라야의 극한적인 자연환경에서 '산타 스님'또는 '의사 스님'이라 불리면서 어려운 주민들을 돕고 있으니, 그는 이승에서도 천축국의 고행승으로 살고 있는 셈이다.

〈조선일보 2015.8.29 〈WHY〉 인터뷰 기사 참조〉

한편 인과응보는 주위에 흔한 불합리하고 불공평한 결과들 때문에 한시적인 관찰로는 필연적이 아닌 것으로 보이기 쉽다. 그러나 '당대만 두고 보면 너무나 억울하고 불공평한 일이 많아서 인과응보나 천리天理의 존재를 믿기 어려우나, 사람이 여든 살 정도 살게 되면 제 집안이나 이웃 가문의 6대, 약 180년을 통찰할 수 있으며, 그렇게 길게 보면 이상하거나 불공평한 것이 하나도 없다'는 현자들의 말이 전해온다.

　게다가 석가모니에 의해 연기법緣起法이 널리 전파되던 비슷한 시대에, 노자가 "하늘의 그물이 아무리 성글어도 하나도 빠뜨리지 않는다(天網恢恢, 疎而不漏)"고 밝힌 것을 보면, 인과응보가 세상의 보편적인 진리이고 하늘의 섭리라는 것을 알 수 있다.

　'3대 부자가 없고, 3대 거지가 없다'는 말이 전해온다. 이는 한 집안의 일반적인 흥망성쇠를 일컫는 것이므로, 부잣집의 처세에 따라서는 6대 갈 수도 있고 심지어 경주의 최부자처럼 12대 동안 계속될 수도 있는 것이다. 실제 역대의 수많은 부잣집 가운데 가난한 이웃을 돕는 등, 적선을 꾸준히 이어온 명문가들은 이조 말년의 화적과 민란, 해방정국의 좌익 테러, 6·25전쟁 등의 혼란기를 거치면서도 화를 면할 수 있었는데, 그 상세한 내막은 각종 서적에 의해 널리 알려졌다.

　이와 관련하여, 청나라가 대륙을 정복하고 북경에서 궁궐의 전각을 지을 때 발생한 에피소드가 있다. 한족 목수들은 오랑캐라 멸시해온 만주족의 나라에 대한 반감이 적지 않던 터라, 감독 몰래 목재에다 '3대만에 망해라(三代而亡)'는 저주의 글을 써두었다. 이튿날 우연히 황제가 공사 현장을 순시하다 이것을 발견하고는, 화도 내지 않고 붓으로 '덕이 있으면 무한하리(有德無限)'라고 화답하는 것을 보고, 한족들은 그의 도량에 탄복했다고 전한다.

　'세상에 공짜란 없다'는 말처럼 선업이든 악업이든 그 과보果報가 자신뿐만 아니라 배우자나 자손에게 반드시 있고, 악업에는 그에 상응하는 무서운 대가를 피할 수 없는 법이다. 인과응보는 모든 종교에서 한결같이 강조하는 것으로, 특히 유교문화인 동양에서는 예로부터 '남에게 해를 끼치고 잘되는 집 없다'는 이치를 철칙으로 믿어 왔다. 실제 우리 사회에서 인심이 나쁜 사람치고 손자 대까지 잘되는 집을 거의 찾을 수 없다.

이제 현대인들도 가시적이고 과학적으로 규명된 것만 믿을 게 아니라, 본래의 자아自我와 영혼의 윤회에도 눈을 떠야 하겠다. 그러면 사유와 가치관의 패러다임(paradigm)이 근본적으로 확장되어 인생관 자체가 변하게 된다. 그리고 잡다한 정보의 홍수와 가변적이고 날로 복잡해지는 법의 굴레에서 벗어나 양심과 도덕이 우선하는 삶을 살게 될 것이다. 하여 좋은 인연을 만들고 선업을 쌓아가는 가운데 정신적으로도 건강하고 여유로운 삶을 누려야 하지 않겠는가.

4. 지성이면 감천이라지만

옛말에 '지성至誠이면 감천感天' 즉 지극한 정성에는 하늘도 감복한다지만, 지극한 정성으로 기도를 하거나 치성을 드려도 다 이루어지는 것은 아니다. 이것은 아무리 열심히 노력해도 안 되는 일이 있고, 어떤 명의라도 사람들의 병을 다 고칠 수 없는 것에 비유될 수 있다. 달리 말하면 인생살이에서 지극한 기도와 치성으로 좋은 결과를 가져오기도 하지만, 결코 쉬운 일이 아니며 예외에 속할 정도로 드물다는 사실이다.

역사와 현실에서 상식적으로 도저히 이해할 수 없는 기적 같은 사건들을 만날 수 있는데, 그중 하나가 오세암五歲庵의 유래에 나오는 5세에 득도했다는 동자승 관련 설화이다. 즉 동해안에 사는 부부가 늦도록 아이가 없어 부처님께 빌었더니 몇 년 후 옥동자를 낳을 수 있었다. 그런데 젖을 떼자마자 어떤 스님이 와서 "이 아이는 불도佛道를 타고났으니 절에서 키워야 제대로 자랄 수 있다"며, 설악산의 이 암자로 데려와서 키웠던 것이다.

치성을 드려서 아들을 얻긴 했으나 세속적인 관점에서 보면,

이 아이를 그들의 자식이라 할 수 있을까? 젖을 겨우 떼자 헤어져서, 키우고 자라는 재미도 못 보고 속세의 인연을 영원히 끊어버려야 하는 승려의 운명을 타고났으니… 여기서 알 수 있는 것은 간절히 기도하면 만족스럽진 않아도 다소의 응답이 있다는 법이다.

다음의 사례는 기도와 치성이 아니라 남에게 공덕을 베푼 경우이다. 이조 명종 때 명재상으로 존경을 받은 상진尚震의 수명과 관련된 일화이다. 우리 역사에서 이름난 역술가인 홍계관洪繼寬은 일찍이 신망이 높던 상진 대감의 평생 길흉을 미리 점쳐서 죽을 해와 달까지 알려주고 적어두었다. 그 해가 되자 상진 대감은 가산과 신변을 정리하고 죽을 날을 기다렸으나 죽지 않았다. 그래서 홍계관을 불러서 따졌더니, 그는 자신의 예언이 빗나간 것은 운수를 잘못 짚어서가 아니라, 어떤 음덕陰德 즉 숨은 선행 때문에 명이 연장되었다고 했다. 그러면서 이제까지 남의 목숨을 구해준 일 같은, 뭔가 짚이는 게 없는지 물어서 의아한 마음에서 과거를 돌아보니 한 사건이 있었다.

오래 전 상진이 수찬(홍문관의 정6품) 벼슬이던 어느 날 숙직을 하고 새벽에 퇴청하는 길에 붉은 비단 보자기를 발견했는데, 풀어보니 황금 술잔 한 벌이 들어 있었다. 사려가 깊고 어질어서, 평소 남의 과실을 들으면 먼저 용서해 줄 수 있는 길부터 생각한 그는 '실물한 사람은 아무 동네 아무개를 찾아오라'는 방을 붙였다. 그 결과 이튿날 한 사람이 찾아와 얼굴도 들지 못하면서 "소인은 대전

수라간 별감이온데, 자식놈의 혼사가 있어 금잔을 몰래 빌려내었다가 잃어버렸으니, 이 일이 탄로나면 곧장 목이 베일 터인데 목숨을 구해주소서"하고 애걸했다. 그래서 상진은 금잔을 돌려주고 일체 비밀에 부쳤다.

그런데 신기하게도 홍계관은 이 공덕으로 대감의 수명이 15년 더 연장되었다고 했다. 물론 그 사건이 무사히 수습된 후, 그 별감은 홍 대감의 무병 장수를 빌었다. 이로 인해 그의 수명이 연장되었는지는 알 수 없으나, 과연 그 후 15년을 더 살아 좌의정과 영의정을 역임하며 당시로서는 매우 드문 72세까지 장수했다.

앞의 두 사례에서, 사람에겐 타고난 운명이 있는데 운명을 근본적으로 변경시키는 것은 어렵고 희귀하다는 점과, 사람이 착한 일을 하고 남을 도우면 그 대가는 반드시 있다는 것을 알 수 있다. 이를 뒷받침하는 것으로 역술가들에 의하면, 각자 타고난 수명 즉 천수天壽가 있긴 하지만 천수까지 사는 사람이 의외로 많지 않으며, 반대로 천수보다 더 오래 사는 사람도 적지 않다.

사람의 일생에서 운명이 변하는 사례도 적지 않으므로, 적선지가 필유여경(積善之家 必有餘慶)이라는 옛말과 같이 누구나 남을 돕고 주위에 대가를 바라지 않는 공덕을 베풀면서 살아가면 반드시 그 가정에 행운이 깃드는 법이다.

비록 물질문명시대인 현대에도 어려운 사람을 위한 봉사와 희생을 최상의 미덕으로 여기면서, 남을 돕고 배려하는 가운데 보람

과 영적인 건강을 추구하는 사람이 늘어나고 있다. 이와 같은 풍조
속에서 대가를 바라지 않는 기부문화가 조금씩 확산되고 있는 것
은 매우 고무적인 현상이다.

5. 운명을 거스르면 어려움이

‘하늘의 뜻에 순응하는 자는 흥하고, 하늘의 뜻을 거스르는 자는 망한다(順天者興 逆天者亡)’는 동양의 잠언에 대비되는, ‘인생이란 순응하면 업혀가고 반항하면 질질 끌려간다’는 로마의 철학자 세네카의 말이 있다. 이것은 누구나 타고난 운명 즉 천명天命이 있으므로 이것에 역행하지 않아야 한다는 뜻이리라. 그러므로 천명을 알거나 또는 모르면서도 그것을 따르게 되는 사람은 행운을 타고 났다고 할 수 있다.

또한 주어진 기회를 놓치거나 외면하면 다시 기회가 오지 않고 불운이 따른다는 말이 있다. 만약 이성계나 박정희가 여러 가지의 원인에 의해 혁명의 기회를 한 번 놓치거나 저버렸더라도, 조선 건국을 위한 역성혁명이나 민족중흥으로 이어질 쿠데타 기회가 다시 왔을 것인가? 역사학자 토인비도 “역사는 전략적 실수를 한 민족에게 두 번 다시 기회를 주지 않는다”고 말했다.

역사나 여러 집안의 내력을 보면 기회를 제때에 잡아서 흥한 경우도 있지만, 준비가 부족하다고 결단을 미루거나 때가 충분히

무르익지 않았다고 주저하거나 또는 다소의 장애에 자포자기해서
도리어 화를 입거나 몰락한 경우가 적지 않다. 우유부단이 평화 시
에는 큰 문제가 되지 않을 수도 있지만 대개의 경우 낭패를 가져올
뿐이다. 특히 전쟁터의 지휘관이 가장 경계해야 할 것은 우유부단
인데, 이는 병상졸속(兵尙拙速, 전장에서는 다소 부족하더라도 신속해야 함)
이라는 격언이 이를 뒷받침한다.

　　주위를 살펴보면 월급쟁이 운명인데도 일확천금을 바라 사업
이나 투기를 한다거나, 관운官運이 없는 사주인데도 이를 무시하고
골방에 틀어박혀서 기약 없는 고시 준비에 세월을 허송하거나, 청
빈한 선비의 운명인데도 믿지 않고 소질에 맞지 않는 장사나 사업
을 시도하는 경우도 적지 않은데, 대개 실패해서 고통을 겪게 된
다. 물론 일시적인 운세가 맞아서 작은 성공을 이룰 수도 있으나,
이는 곧 사라질 한때의 해프닝인 경우가 대부분이다.

　　그리고 세상에서 뜻대로 되지 않는 일 가운데 하나가 자식 문
제라 하는데, 이와 관련된 사례는 매우 흔하다. 어느 큰 가문에 종
손이 태어나지 않아, 평소 정성이 지극한 시아버지와 며느리는 용
한 역술가와 점쟁이에게 물어봤더니 팔자에 아들이 없다고 했다.
그러나 그들은 천지신명에 치성을 드리고 부처님께 빌면 소원이
이루어질 수 있다는 믿음에서 온갖 치성을 드렸다. 그 치성 덕분
인지 몇 년 후 잘생긴 손자를 낳았으나 네 살 때 알 수 없는 병으로
죽었다.

뒤이어 평소 그와 같은 것을 미신으로 여기는 남편은 좌우의 만류를 물리치고, 아들을 얻기 위해 정식 혼례를 치르고 둘째 부인을 들였다. 그러나 건장하고 성격이 거센 둘째 부인도 첫째 부인과 같이 딸 하나만 낳고 끝내 소식이 없었다. 그 대신 둘째 부인에 의해 야기된 그 집안의 풍파는 한 세대 이상 계속되었다.

과거 동양의 역술이나 점에서도 남편의 팔자에 아들이 없으면, 비록 아내의 사주에는 아들이 있더라도 결코 제대로 된 아들을 둘 수 없다는데, 이는 아이의 성별은 아내가 아니라 남편에 의해 결정된다는 현대의학과 일치하는 것으로 음미할 만하다. 그런데도 '운명이 어디 있나, 또는 설마 되겠지'하며, 인류가 쌓아온 지혜를 무시하고 고집부리는 것이 과연 슬기로울까?

그리고 누구에게나 기회가 오면 반드시 잡아야 하겠지만, 이보다 더 중요한 것은 닥쳐올 기회에 대비하는 노력이라 할 수 있다. 좋은 기회란 좀처럼 오지 않기 때문이다.

6. 명리학이라는 나침반

사주명리학, 사주역학四柱易學 또는 간명학看命學으로 불리는 명리학은, 일본에서는 운명을 추리한다고 해서 추명학推命學, 중국에서는 운명을 계산한다는 의미의 산명학算命學 이라고도 한다. 사주四柱 즉 태어난 연·월·일·시를 근본으로, 여기에 해당하는 음양과 오행의 상생상극相生相剋 관계를 살펴 사람의 타고난 성격과 운명의 고저장단高低長短과 길흉화복을 알아내는 학문이다.

명리학의 원리는, 사람이 태어날 때 태양과 달과 별(5성: 목성·화성·토성·금성·수성)이 각각 어느 위치에 있어, 우주의 기氣를 어떤 천체로부터 어느 정도 받고 태어나느냐에 따라 그 사람의 인성人性과 운명이 정해진다는 것이다. 타고난 사주가 천정갑자(天定甲子: 사주가 天干과 地支의 첫째인 甲과 子로 이루어진 즉 甲子년 甲子월 甲子일 甲子시인 때)에서 기산起算하여 연·월·일·시 각각의 천간天干과 지지地支 총 8글자인 즉 사주팔자八字를 근거로, 여기에 다가오는 세월(연·월·일·시)의 천간과 지지8글자와의 상관관계를 살펴서 일생의 세부적인 운세를 추리하는 것이다.

그러므로 명리학은 점이나 점성술과는 전혀 다른 것으로 고도
의 수리천문학이라고도 하는데, 그 원리는 오묘하고 그 정확도는
신비스럽기까지 하여 언론에도 여러 번 보도된 바 있다. 동양학 분
야에서 '소통형 인문학'을 개척해서 유명해진 조용헌 박사는 그의
저서 『조용헌의 사주명리학 이야기』에서 인생의 90%는 사주에 나
와 있고, 10%만 노력으로 바꿀 수 있다고 했다. 그러나 그 후 방송
에 나와서는 그도 일반적으로 통용되는 운7기3을 말하고 있는데,
이 비율 역시 사람에 따라 다소 다를 수밖에 없는 것이다.

역술가에 의하면 간혹 사주풀이가 정확하지 않을 경우도 있는
데, 이는 명리학 자체의 문제가 아니고, 사주와 간명看命의 정확성
여부에 기인하므로, 사주풀이란 신중하고 많은 노력과 지식을 쌓
은 자만이 가능하다. 그런데도 일부 사이비 역술가들에 의해 명리
학이 모든 것을 해결해 주는 만능인 양 과대 포장되어서, 사회 일
각에서는 사회악을 조장하거나 혹세무민하는 잡술로 치부되기도
한다.

그러나 이제 여러 대학에서 명리학이 정규과목으로 채택되고
석사와 박사 과정도 개설되었으니, 인간경영의 실용적 학문으로서
제도권 내에서 체계를 갖추어 연구하게 될 것이다. 이는 서양의학
계로부터 오랫동안 비과학적인 민간의술 또는 대체요법 정도로 취
급되었던 한의학의 전철을 따르고 있는 것이다. 왜냐하면 한의학
도 명리학처럼 음양오행과 오행의 상생상극 원리에 근거하기 때문
이다.

흔히 명리학이 궁합을 보거나 택일을 할 때 또는 큰 결정을 앞
두거나 감당키 어려운 재난이 닥쳤을 때 운세를 알아보는 수단의
하나로 알고 있는데, 이는 바른 인식이라 할 수 없다. 이보다는 미
신을 가까이 하지 않았던 옛날 선비들처럼, 사주풀이를 자신과 상
대방은 물론 자녀들의 운명과 인성人性을 미리 파악해서, 지혜롭게
대처할 수 있는 인생의 나침반으로 활용하는 편이 바람직하다.

이것을 요약해 보면 다음과 같다.

첫째, 적성을 알아 진로 선택에 참고하자.

어린이와 대학 진학을 준비하는 학생의 경우 타고난 그릇인 격
국格局과 적성을 찾아서 진로와 전공선택에 참고하고, 성인의 경우
에도 자신의 직업이 적성과 기氣의 흐름에 적합한지 점검해 볼 필
요가 있다. 적성에 맞으면 일을 해도 즐겁고 사업도 번창할 수 있
지만, 적성에 맞지 않으면 성공하기 어렵다.

둘째, 궁합을 보자.

명리학에서 운명을 크게 바꿀 수 있는 즉 개운改運의 수단은 두
가지로, 첫째는 결혼이고 둘째는 직업의 선택인데, 이 둘의 중요성
은 재론할 필요가 없다. 그리고 범람하는 이혼으로 인한 개인과 자
녀의 불행을 고려한다면, 부부궁夫婦宮이 불안정한 사주를 타고난
사람은 아주 늦게 결혼하거나 아니면, 재취再娶나 연령차가 많이
나더라도 운명적으로 맞는, 이를테면 상호보완적인 상대를 택해
결혼하는 것이 바람직하다.

셋째, 진퇴를 결정할 때 참고하자.

살아가면서 수많은 난관에 봉착하게 되는데, 특히 나아갈 때와 물러설 때의 결정은 중요한 결과를 낳으므로, 운세를 알아본 후에 하는 것이 좋다. 운이 왕성할 때는 과감하게 행하고 쇠락의 운이면 미련을 버리고 물러서야 한다. 이것을 잘못하면 크게 후회하거나 인생을 망칠 수도 있다.

넷째, 건강을 유지하는 데 활용하자.

명리학에서는 개인의 성격뿐만 아니라 체질과 건강까지 예측할 수 있는데, 이를 참고하면 건강을 유지하는 데 도움이 된다.
〈월간조선에 장기 연재 중인 「정경대 박사의 의명학(醫命學) 이야기」 참조〉

건강은 그 무엇보다 중요한 것인데, 공교롭게도 행운을 맞이하는 과정에서 건강문제가 돌출하는 경우가 많기 때문에 더더욱 중요하다.

다섯째, 자신의 약점을 미리 알아서 고치자.

사주를 보는 이유 중 하나는 운세의 길흉을 미리 아는 것에 그치지 말고, 사주에서 드러나는 자신의 인성을 참고하여 성격상 부족한 점을 보완하려고 꾸준히 노력해야 할 것이다. 그러나 미리 알고도 행하지 않는 경우가 의외로 많은 것이 인간세상이다.

여섯째, 자신과 상대를 알고 대처하자.

'상대를 알고 자기를 알면 백 번 싸워도 위태롭지 않다(知彼知己

百戰不殆)'는 말처럼, 가족 안팎의 모든 대인 관계에서 상대방의 인성이나 운을 조금이라도 알면, 대인관계뿐만 아니라 미래를 보다 원만하고 현명하게 헤쳐나갈 수 있다.

일반적으로 사람들의 큰 잘못은 자신의 단점을 뻔히 알고 있으면서도 사주팔자 탓으로 돌리고 고치지 않는 것이라 할 수 있다. 그리고 많은 사람들의 관심사는 운명이란 반드시 있는 것이지만, 사주에 의해 결정되는 운명은 실제 인생에서 과연 몇 퍼센트 정도의 영향을 주는가 하는 문제일 것이다.

7. 운명을 바꾸는 길

많은 아마추어 인생상담가나 명리학 연구자들에 의하면, 타고난 운명은 개인에 따라 다소 다를 수 있지만, 실제 인생에서 대략 70%쯤 영향을 미치며, 나머지 30%는 노력, 환경, 이름, 배필 등이 좌우한다. 인생에서 환경은 매우 중요한 것으로, '지방의 이방吏房이 서울에 산다면 이조판서가 된다'는 옛말이 있는데 깊이 새겨볼 만하다.

사람에 따라서는 특히 활동 무대 즉 환경이 결정적인데, 이것은 코이라는 관상용 잉어의 성장에 비유해 볼 수도 있다. 이 고기는 작은 어항에서 기르면 8cm, 수족관이나 연못에 넣어두면 25cm, 강물에 방류하면 120cm까지 성장한다. 같은 물고기인데도 어항에서 기르면 피라미가 되고, 강물에 놓아 기르면 대어가 되는데, 이를 두고 '코이의 법칙'이라 한다.

한편 성명역술가들은 이름의 영향을 강조하는데, 어떤 이는 이름이 인생을 15%쯤 좌우한다고도 하고, 어떤 이는 5%쯤이라고 한다. 개명改名에 관련된 수많은 사례가 온갖 매체에서 취재된 바 있고, 도시의 어디서나 성명철학관의 간판을 쉽게 볼 수 있다. 그러면 이름의 영향력은 과연 몇 퍼센트나 될까?

이에 대한 대답 역시 사람에 따라 다를 수밖에 없다. 이름이 인생에 영향을 주는 것은 분명하지만, 그 영향력은 우선 그 사람의 직업과 처한 환경에 따라 크게 다르다. 이름의 사용빈도가 특히 높은 선출직의 정치인이나 연예인의 경우 그 영향력은 30%도 될 수 있으며, 이와 반대로 자신의 이름 대신 택호나 자녀의 이름으로 불렸던 옛날의 가정주부처럼 사용빈도가 극히 낮은 경우에는 5%나마 되겠는가?

이와 궤를 같이하는 예를 하나 들면, 서적이나 영화의 이름이라 할 제목 역시 흥행에 큰 영향을 준다는 것이다. 근래 베스트셀러의 하나였던 『아프니까 청춘이다』라는 책은 출판사에서 지은 기발한 이름이 밀리언셀러가 되는 데 크게 기여했을 뿐만 아니라 책의 제목이 유행어가 되었다. 어느 출판 평론가에 의하면, 오늘날의 출판사들은 극심한 불황에서 살아남기 위해 책이름 짓는 데 올인하고 있다는 것이다.

그런데, 운명을 잘 타고난 사람이라면 귀인이나 좋은 스승을 만나 도움을 받고, 노력도 스스로 하게 되고, 환경이나 이름도 그의 운명에 맞도록 이미 어느 정도의 틀(frame)로 짜여 있는 것이다. 그러므로 환경이나 이름을 바꾸어서 인생이 15%나 훌쩍 좋아진다거나 노력과 환경의 영향력이 몇 퍼센트라고 말하는 것이 오히려 이상하다. 이를테면 타고난 운명이란 이들 갖가지 요소들이 유기적으로 서로 얽혀 있으므로, 이것을 하나하나 구별해서 별개로 취급하는 것 자체가 이치에 맞지 않다고도 할 수 있다.

이와는 달리, 수많은 사람이 동시에 죽는 전쟁이나 대형 항공기 사고 등의 재난도 적지 않다. 이 경우에도 희생자들 모두가 같은 때 죽을 운은 아니지만, 큰 환경의 변화나 재난이 닥칠 경우에는 함께 휩쓸려 갈 수밖에 없는 것 역시 세상의 이치다. 물론 그런 재난 속에서도 목숨을 건지는 극소수의 예외도 있긴 하지만 대부분의 사람들은 대세에 파묻혀버리고 만다.

이에 대한 실례로는 6·25전쟁의 수많은 에피소드 가운데 하나를 들 수 있다. 전장에서 분대원들이 둘러앉아 아침 식사를 하는데, 한 사병은 평소와 달리 갑자기 배가 아파오며 변을 참을 수 없었다. 그래서 급히 좀 떨어진 언덕 아래로 가서 변을 보게 되었는데, 마침 그때 적의 포탄이 떨어져 분대원들이 몰살당했으나, 혼자만 기적적으로 살았다.

비록 인생의 대략적인 틀은 운명에 의해 이미 짜여 있다고 하더라도, 개인의 일생에서 시대적인 환경과 사회적인 환경과 인간적인 환경 즉 인연의 영향을 결코 가벼이 볼 수 없다. '모진 놈 옆에 있다 벼락 맞는다'는 속담이 있듯이 사람은 되도록 선량한 상대를 골라 결혼을 하고 좋은 친구와 이웃과 어울려 살아야, 도움도 받을 수 있고 나쁜 영향을 적게 받게 되는 것이다.

그리고 간과할 수 없는 점은 꾸준한 노력의 결과는 대체로 헛

되지 않는 것이 세상의 이치라 할 수 있다. 설령 노력의 결과가 이른 시기에 뚜렷하게 나타나지 않을지라도 그 노력의 효과 또는 보답은 언젠가 반드시 있으며, 당대가 아니면 자손의 대에서라도 있기 마련이라는 사실이다.

이와 같이 복잡하게 얽혀 있으면서 온갖 외부 환경의 영향을 받을 수밖에 없는 인생에서, 운명을 어느 정도 극복하는 길로 조용헌 박사는 다음의 6가지를 들고 있다.

적선積善을 하고, 훌륭한 스승을 만나고, 기도를 통해 자신을 다스리고, 독서를 하고, 명당明堂을 쓰고, 자신의 사주팔자에 맞는 적절한 선택을 하면서 사는 것이라 했다. 이 6가지 중에서 대개 화장을 하고 아파트를 옮겨 다니는 현 시대에 맞지 않는 명당을 쓰는 것을 제외하면, 나머지 5가지는 끊임없는 스스로의 노력을 요하는 것들로서 유념할 필요가 있다.

8. 자신의 천직은?

한국경영자총협회는 2014년 대기업과 중소기업 405개를 대상으로 대졸 신입사원 채용 실태를 조사한 결과 1년 내 퇴사율이 25.2%로 2010년 조사 때보다 7.5% 상승했다. 특히 중소기업의 경우는 31.6%로 대기업의 11.3%보다 월등히 높았다.

대졸 신입사원의 2013년 취업 경쟁률은 평균 28.6 대 1로, 어려운 취업문을 통과한 신입사원 4명 중 1명은 입사 1년 만에 회사를 그만두는데, 이유는 조직과 직무 적응 실패(47.6%)가 급여와 근무환경에 대한 불만(41%)보다 많았다. 신입사원을 뽑으면 평균 18개월간 교육을 시켜야 하므로 퇴사율 증가는 기업의 상당한 부담이 되고 있다.

대졸 신입사원의 경우 승진과 회사의 미래를 염두에 두므로, 어느 정도 급여의 차이보다는 직무가 적성에 맞지 않아 잘 적응하지 못한 것이 주 원인일 것이다. 별다른 노력도 없이 제 길로 들어서서 초년의 경력이 자신의 천직에 맞아 출세의 길로 연결되는 경우는 행운이다. 이와 달리 직장을 몇 번 옮긴 후에 겨우 뿌리를 내리거나, 오랜 기간에 걸쳐 경험한 잡다한 경력이 뒤늦게 꽃을 피우는 대기만성형大器晩成形의 사람도 적지 않다.

법정 스님은 1954년 22세에 출가를 결심하고 안국동에 있는 선학원禪學院에서 효봉 스님을 친견한 후, 그날 조실방에서 머리를 깎고 '먹물옷'을 갈아입으니, 기분이 훨훨 날아갈 것처럼 좋아서 밖으로 나가 서울 시내를 정신없이 돌아다녔다고 했다. 그러나 대부분의 출가자들은 삭발할 때 눈물을 흘리는 것이 보통이라 한다. 이것만 봐도 그의 천직은 승려임에 틀림없다. 자신의 천직을 찾아서 희열을 느끼며 입문하는 것은 행운이 아닐 수 없다.

노벨상을 두 번이나 수상한 마리 퀴리는 "인간은 반드시 한 가지 재능을 가지고 태어난다. 어떤 비용을 지불하더라도 그것을 찾아야 한다"고 말했다. 그래야 그의 적성에 맞는 천직을 찾을 수 있고 행복과 성공을 이룰 수 있기 때문이다.

그러나 사람들 가운데는 재능이라고 할 만한 것이 없는 경우도 있고, 남다른 특징이 없어 평범한 것이 장점인 경우도 있다. 또한 다른 분야에는 무능하지만 어느 한 분야에 특출한 재능을 타고나서 외길 인생을 살며 비교적 쉽게 성공한 자들이 있는가 하면, 벤저민 프랭클린 같이 과학자, 발명가, 사업가, 작가, 정치가의 자질을 두루 타고난 경우도 있다.

한편 공자는 '지도자가 될 수 있는 군자君子란 어느 한 분야의 전문가이기보다는 한 조직이나 집단을 이끌어가는 데 필요한 소양과 지혜를 두루 갖추어서 온갖 직책과 사태의 변화에 잘 적응할 수 있어야 한다(君子不器-논어)'고 했다는데, 이것은 하나뿐인 쓰임새, 즉 틀에 박힌 그릇처럼 되어서는 안 된다는 말이다. 그러므로 통합적인 지도력이 요구되는 리더는 전문가(specialist)보다는 지혜를 지닌 비전문가(generalist)가 보다 바람직하다 할 수 있다.

그러므로 어느 유형이 더 좋다고 말할 수 없고, 타고난 환경과 운명, 즉 이 세상에서 그 사람의 쓰임새에 따라 판단되어야 할 문제이다. 그러나 보통 사람의 경우에는 타고난 재능을 가능한 일찍 발견해서 계속하더라도 염증을 느끼지 않고 남보다 능률적인 일을 하면서 살아갈 수 있는 경우가 바람직하다. 그러므로 인생에서 좋아하는 일을 하면서 살아가려면 자신의 소질에 맞는 직업, 즉 천직을 찾아야 한다.

비록 영리한 사람이라도 소질에 맞지 않아서 흥미를 느낄 수 없는 분야에서 성공하거나 오래 근무하는 것은 드물 수밖에 없다. 한 분야에서 최후의 승자는 아는 자보다는 좋아하는 자, 좋아하는 자보다는 즐기는 자가 될 가능성이 높기 때문이다. (知之者 不如好之者 好之者 不如樂之者-논어)

9. 전문가나 마스터가 되는 길

베스트셀러 작가 로버트 그린은 최근에 출판된 『마스터리 (Mastery)의 법칙』에서 사람을 하나의 씨앗에 비유하면서, 씨앗이 싹이 트고 자라서 꽃을 피우는 것은 개인이 어떤 일을 통해 자신만의 고유성을 드러내는 것이라 했다. 이를 위해서는 우선 자신이 좋아하는 일을 찾아야 한다. 그러면 이것을 어떻게 찾을 수 있을까?

그는 자신을 흥미롭게 하고, 열정을 갖게 하고, 자신을 남과 다르게 만드는 것이 바로 그것이며, 배우고 익힐수록 더 배우고 싶은 강한 열망이 드는 분야가 본성에 맞는 분야라 한다. 스무 살쯤 되면 대개 최소한 자기가 좋아하는 게 뭔지는 알고 있는데, 아직도 잘 모르겠다면 어린 시절의 자아自我로 돌아가 내면을 탐구해 보라고 권한다. 어릴 적 강박에 가까울 정도로 흥미를 느꼈던 일이 분명히 있었을 텐데, 개미들의 움직임이나 밤하늘의 별자리가 너무나 신기해서 눈을 뗄 수 없었다면, 자신의 타고난 열정이 자연 탐구 쪽에 있다고 뇌가 신호를 보낸 것이라 한다.

　　본성이 주는 신호를 따라가면 주변 일들이 톱니바퀴처럼 맞아떨어지기 시작해서, 자신의 흥미를 돋우는 것을 좇아갈수록 재미있기 때문에 남들보다 배우는 속도가 빨라지고 수확도 커진다. 피아노를 예로 들면, 빨리 배울수록 창의력이 발달해 악보만 보고 치는 게 아니라 스스로 곡을 만들어 치는 수준이 되고, 이게 또 한 차원 높은 수준의 재미를 선사해 배움의 속도가 더욱 빨라지고 실력이 증대한다. 그런 '보상 가속화의 순환'을 거쳐 전문가가 되고 마스터 즉 대가大家가 되는 것이라 했다.

　　이와 같이 개인의 일생에서 뛰어난 성취란 약점의 보완보다 자신의 장점을 강화하는 데서 더 쉽게 달성할 수 있는 것이다. 그리고 몰입의 중요성을 강조하는 것으로 '재능이 2배의 차이를 만든다면, 집중은 10배의 차이를 만들어낸다'는 말이 있다.

　　만약 감정적으로 몰두하지 못한 채 순전히 금전적 이익을 위해서 일을 한다면, 영혼 없는 성과물을 내놓을 수밖에 없는데, 사람들은 그 영혼 없는 성과물을 곧 알아챈다. 진정한 내면 깊은 곳과 연결된 결과물은 그 진정성이 보는 이에게 자연스레 전달되는 법이다.

　　그에 의하면 마스터가 될 사람은, 진정한 인생의 기쁨이란 컴퓨터 게임처럼 지속성이 없고 쉽게 얻어지는 쾌락, 소위 인스턴트 만족감이 아닌 장기적인 성취에서 온다는 것을 어릴 때 깨닫는다. 그러므로 현명한 부모라면 자식에게 영재교육을 하기보다 단기적인 쾌락이 아닌 장기적 성취가 주는 기쁨을 깨우쳐 줄 것이다.

사람은 누구나 열정을 가지고 한 분야에서 최소 1만 시간의 수련을 거쳐야 달인, 즉 전문가가 된다고들 한다. 스웨덴의 심리학자 에릭손 교수의 '1만 시간의 법칙(누구나 1만 시간을 투자하면 탁월한 경지에 오른다는 것)'은, 음악가·작가·운동선수가 1만 시간을 훈련하면 뇌에 변화가 온다는 실험들에 의해 뒷받침되고 있다. 이는 근래 유행하는 '미쳐야 미친다'는 말처럼 장기간 몰입의 효과에 다름 아니다.

그리고 세대를 초월한 대가가 되려면 2만 시간이 필요한데, 사람의 뇌는 2만 시간 이상의 연습을 거치면 놀라운 탈바꿈을 하게 된다. 이를테면 정보를 체계적으로 흡수하는 상태가 돼 전에 없던 창의성이 생겨나고, 부분이 아닌 전체를 보는 눈이 생기게 된다.

그러므로 자신이 열정을 가지고 몰두할 수 있는 일에서도 1만 시간 이상의 수련을 쌓아야 전문가의 경지, 나아가 득도得道의 경지인 마스터의 꽃을 피우게 되는 것이다.

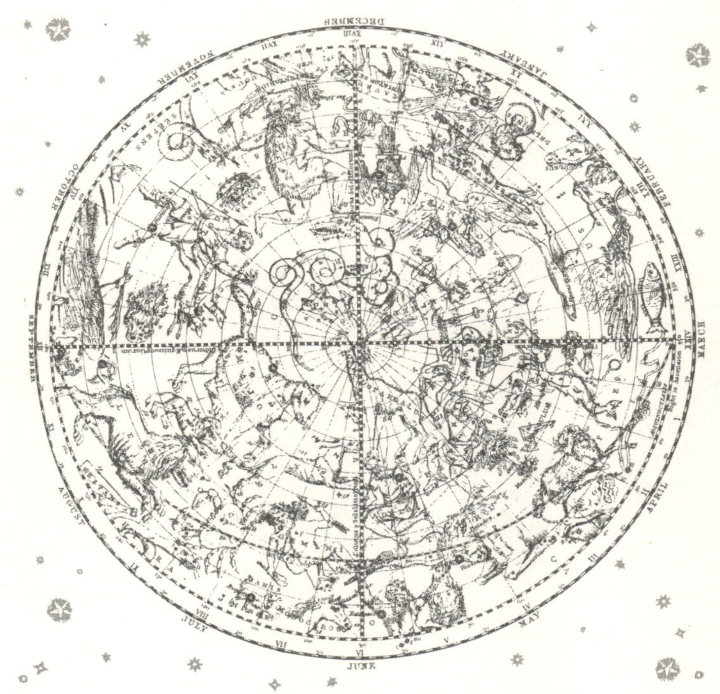

여기 자기보다 나은 사람을 쓸 줄 아는 사람이 잠들다

Here lies a man who knows how to enlist
in his service better man than himself.

– 카네기

1. 창업과 수성

　사업의 종류와 규모에 따라 창업과 수성의 난이도가 다르고, 사업가가 구비해야 할 자질에 차이가 있다. 일반적으로 무에서 유를 창조하는 창업이 수성보다 훨씬 어렵다고들 하지만, 창업과 수성의 난이도는 일률적으로 말할 수 있는 것은 아니다. 사업가의 타고난 자질과 사업환경에 따라 수성보다 창업이 더 쉬울 수도 있다.

　6·70년대의 국내시장은 없어서 못 파는 즉 생산자가 지배하는 시장이다 보니, 줄을 잘 타서 공사를 따거나 큰 융자를 받을 수 있으면 창업과 수성도 쉬웠던 반면, 낙후된 인프라 속에서 품질이 떨어지는 공산품을 수출하는 데 애를 먹었다. 8·90년대는 국내시장의 경쟁이 점차 심해져서 창업과 수성도 어려워지면서, 판매업 즉 유통업이 시장을 지배하기 시작했다.

　1997년의 IMF외환위기 이후 그간 국가의 보호 속에서 성장해 왔던 경제체제, 특히 금융시장이 개방되면서, 국제투기자본에 의한 환율의 급등락으로 수출기업의 수익성을 예측할 수 없는 지경이 되었다. 게다가 국내외 시장에서 경쟁이 심해질수록 제품의 수명은 더욱 짧아지고, 투기자본의 기업사냥으로 어느 면에서 창업보다 수성이 오히려 어려운 환경으로 변하고 있다. 그리고 정보통신산업의 발전에 병행해서 2000년 초부터 벤처기업의 창업이 한동안 활발하기도 했으나, 그 열기는 채 5년도 지속되지 않았다.

그리고 갈수록 격심해지는 글로벌 경쟁에서 한국 특유의 정치성을 띠는 강성 노조의 횡포까지 더하니, 제조업의 해외 아웃소싱(outsourcing)이 증가되는 가운데 생산과 설비의 자동화로 실업문제가 날로 악화되고 있다. 그리고 내수시장의 장기침체로 기업의 구조조정이 빈발하니 '평생직장'이라는 말은 옛날 이야기가 되어버렸다. 게다가 평균수명의 증가로 이제는 '졸업하고 취업하고, 중년이나 노년에 다시 공부해서 재취업하는 시대'로 변하고 있다. 이런 경제환경에서 요식업 위주의 소규모 자영업의 창업과 폐업의 범람은 심각한 사회 문제가 되고 있다.

이와 같이 악화되는 기업환경에서 창업해서 성공하기란 갈수록 어려워지고 있으므로, 창업에 앞서 특수한 기술의 확보나 좋은 아이템(item) 또는 틈새시장의 발견이 더욱 절실하다. 그렇지만 창업에는 그 무엇보다 우선 위험을 무릅쓰고라도 자기사업을 갖겠다는 강한 욕망과 근성이 있어야 한다. 물론 이해득실에 대한 타고난 감각과 초기의 심한 고난을 극복할 끈기는 창업을 성공시키는 데 없어서는 안 될 자질로 재론의 여지가 없다.

한편 수성에서 더 강조되는 것은, 인재를 알아보는 눈과 그들

을 포용하고 그들의 재능을 충분히 발휘하게 만드는 인간적인 그
릇과 능력이라 할 수 있다. 그리고 기업 안팎의 정보를 잘 듣고 거
를(filtering) 수 있는 큰 귀를 가져야 할 것이다. 그런데 주위에는 이
와 같은 자질이 너무 부족해서, 그 어려운 창업을 성공시키고도 얼
마 못 가 사업을 망쳐버리는 사례가 적지 않다.

　　창업이든 수성이든 경영이란 사람이 하는 일이다. 아무리 좋은
기술과 계획이 있어도 이것을 실행할 인재가 없으면 안 된다. 그리
고 경영은 현장에서 일어나는 일이므로 온갖 경영 이론이 참고는
될 수 있어도 현업의 문제를 해결하는 데 도움이 안 되는 경우도
많다. 그러므로 경영의 요체는 사람을 잘 쓰는 것이고, 인간에 대
한 깊은 이해가 있어야 경영에서 성공할 수 있는 것이다.
　　"사장학社長學은 인간학人間學인데, 사장이 인간학에 고수高手면
그 기업의 장래는 보장된다'는 이병철 회장의 말은 사업에 있어서
용인用人의 중요성을 잘 대변하고 있다.

2. 경영, 결국 그릇의 문제

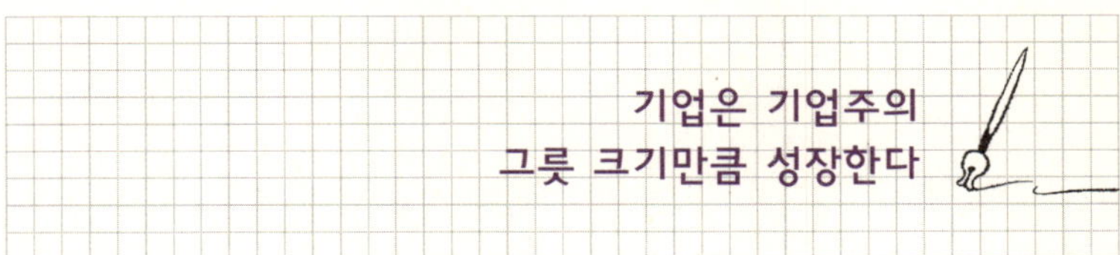

경영은 대단히 어렵다며 항상 찌든 얼굴을 하고 바쁘게 설치는
사람이 있는가 하면, 한때의 성공에 도취되어 "사업은 예술이다"
고 매스컴에 떠벌리는 설익은 자도 있으며, 기업경영이란 수많은
사람에게 일자리를 제공해야 하는, 무거운 짐을 지고 먼 길을 가는
것과 같다고 생각하는 원숙한 사업가도 있다. 기업의 종류나 처한
환경에 따라 다를 수 있는 것이 경영의 난이도라고 하지만, 경영은
과연 그토록 어려운 것인가?

선조 때 이름난 재상인 이준경에게 난마처럼 헝클어진 정사를
무슨 수로 그렇게 잘 척결하느냐고 물었더니, 그의 대답은 '별것
아니고, 내 곁에는 논어 한 권밖에 없지. 정사란 논어에 안 맞아떨
어지는 것이 없고, 그 가르침대로 척결한 것뿐이다'는 것이었다.

공자는 '가까이 거느린 사람들을 진심으로 심복하게 하면, 멀
리 있는 사람도 그 말을 듣고 따르게 되는데, 그것이 정치다' 그리
고 '바른 사람을 등용하여 굽은 사람 위에 두면 백성이 복종하게
되고, 굽은 자를 바른 자 위에 두면 백성은 복종하지 않게 된다'고

했다. 이와 같이 어질고 밝은 사람을 그렇지 않은 사람들 위에 두고 중용하면 사람들은 따르게 되면서 내부의 온갖 문제들이 저절로 사라지는 것이다.

논어, 논어 하지만 한문의 해석이 어렵지 내용은 특별하거나 신기한 이론이 아닌, 지혜로운 사람이 보면 대체로 공감하는 인간의 품성과 세상의 이치를 담고 있다. 그리고 여기서 밝고 어진 사람이란 슬기롭고 인간적인 그릇이 큰 사람을 말한다. 옛 선조들은 그릇이 큰 사람을 군자君子 또는 대인大人이라 하고 작은 사람을 소인이라 했다. 그러면 인간적인 그릇이란 무엇인가?

명리학에서는 격국 또는 사주의 그릇이라고도 하는 것으로, 인간적인 포용력이나 마음의 크기라 할 수 있다. 자기의 결점을 쉽게 인정한다거나, 대의를 위해 남에게 선뜻 양보할 수 있다든지, 개인적인 이익이나 체면에 집착하지 않고 보다 큰 목표에 관심을 둔다든지, 전체의 화합을 위해 자신의 공을 내세우지 않는다든지, 감정을 자제하고 역경을 잘 참아내는 것 등은 그릇이 큰 사람에게서 흔히 볼 수 있는 처신이다.

기업은 돈으로 표시되는 이윤을 우선적으로 추구하므로 정치와 다른 면이 있으나, 인간경영 그 자체는 다를 수 없다. 정치든 기업이든 인재를 찾아서 그의 능력을 활용하는 것이 경영이라 할 수 있지만, 그가 충성하고 열심히 일하는 것은 또 다른 문제이다.

이를 위해서는 그의 능력을 파악해서 합당하게 대우해야 하는

데, 여기서 '합당한 대우'는 보수와 보직에 그치지 않고, 그의 능력과 마음을 제대로 알아주고 진심으로 신뢰하는 것이다.

'여자는 자기를 기쁘게 하는 자를 위해 화장하고, 선비는 자기를 알아주는 자를 위해 죽는다 〈女爲悅己者容, 士爲知己者死 — 晉나라 예양(豫讓)〉'는 말과 같이, 인간은 특히 남자는 자기를 알아주는 자를 위해 때로는 대가 없이 충성할 뿐만 아니라 목숨까지 희생하는 것이다.

정치나 기업에서 그릇이 작은 사람의 직위가 높고 권세가 클 경우, 좋은 건의나 설득도 잘 먹히지 않는다. 대개 이들은 자기류의 인물이나 자기보다 못한 부하나 동료를 선호하게 되는데, 이들의 영향력 아래서는 개성 있고 우수한 인재의 활성화는 고사하고 있는 인재조차 유지하기 어렵다.

최고경영자가 아닌 차하위 경영자나 간부 가운데 이런 자들이 있다면 문제의 원인과 동떨어지거나 허위 보고가 올라가고, 그 결과 기업의 인력과 재산을 소모하면서도 상황이 개선되기는커녕 더 악화될 뿐이다. 게다가 이로 인해 잃어버리는 기회비용(opportunity cost)까지 감안하면 기업의 손실은 더욱 커진다.

직장에 다니는 사람으로서 자기보다 지식이나 업무능력이 못한 사람 밑에서 일하는 것은 별 문제가 안 되나, 그릇이 작은 상사 밑에서 일하는 것은 바람직하지 않다. 특히 그릇이 작으면서도 까탈스러운 윗사람을 만날 경우 정말 괴로운 나날이 될 것이다.

이를테면 능력이 없거나 게으름을 피워서 일을 잘 못해도 문제가 되고, 반대로 능력이 있는데 노력까지 해서 업무를 잘 처리해도 역시 문제가 되기 때문이다. 이것은 샘 많은 시어머니 밑에서 시집살이하는 며느리의 처지에 비유될 수 있다. 그래서 직장생활을 행복하고 능률적으로 할 수 있는 환경은 그릇이 큰 상사와 일하는 경우라 하겠다.

그러나 기업가나 간부가 그릇만 크다고 우수한 것은 아니다. 사업과 경영에는 사업의욕과 수완 외에 어느 정도의 경험과 지식이 겸비되어야 한다. 사업 분야에 관심이 적거나 유능하지 못한 대인들도 얼마든지 있기 때문이다.

결론적으로 요약하면, 기업의 흥망은 사람에 달렸으므로, 인재의 선택과 활용이 경영의 요체라 할 수 있다. 그런데 남의 재능과 특성을 가늠하고 이를 활용하는 데는 반드시 인간적인 포용력이 있어야 한다. 지혜로운 자는 남의 경험과 지식을 어느 정도 빌릴 수 있으나, 이 포용력이라는 사람의 그릇은 타고나는 것으로 결코 빌릴 수 없다.

따라서 창업 단계를 지난 기업에서 경영의 성과는 그 기업가의 경험과 지식보다 그릇의 크기에 비례하고, 기업은 기업주의 그릇 크기만큼 성장한다는 말이 있는데, 깊이 음미해 볼 필요가 있다.

3. 지인지감과 혜안

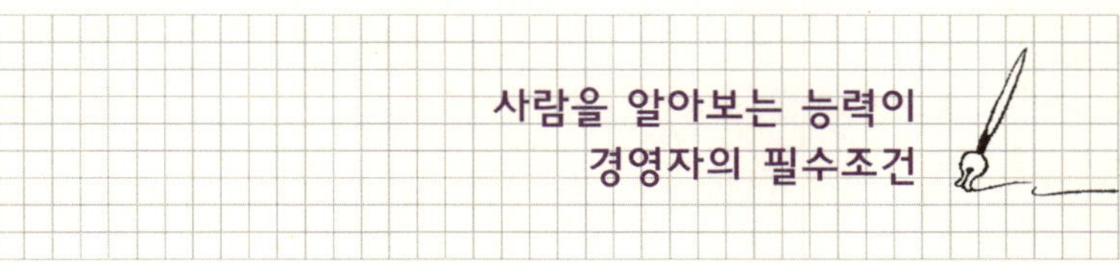

지인지감知人之鑑이란 사람을 잘 알아보는 능력이고, 혜안은 밝은 직관력이나 지혜로운 통찰력을 일컫는다. 혜안을 가진 사람은 대개 지인지감을 겸비하고 인간적인 그릇이 큰 경우가 많지만 혜안과 그릇이 꼭 같지는 않다. 그릇의 크기는 타고나는 것으로 후천적으로 거의 키울 수 없는 것인 반면, 혜안은 학습과 수련에 의해서 어느 정도 발달시킬 수 있는 것으로, 불교의 선승뿐만 아니라 사바세계에도 뛰어난 혜안을 가진 이가 드물지 않다. 그러나 여기서는 사바세계에 있었던 지인지감의 사례를 피력하고자 한다.

왕자 시절의 세조를 보고 이 아이가 조부를 많이 닮았다고 한 고려 말의 충신 원천석의 경우는, 과학으로나 인간의 상상력으로는 도저히 미칠 수 없는 뛰어난 혜안을 가졌다고 하지 않을 수 없다. 조부인 태종이 첫 번째 왕자의 난을 일으켜 이복형제들을 죽이고, 두 번째 왕자의 난을 일으켜 동복형제를 죽이고서 끝내 왕위에 오른 것과, 수십 년 후에 거의 같은 길을 걷게 될 어린 수양대군의 운명을 한 번 봐서 알았던 것이다.

그리고, 20세의 유성룡을 처음 본 퇴계(이황)는 "하늘이 내린 인재이며 장차 큰일을 할 것이다"고 극찬했다. 이에 대해 퇴계의 수제자 가운데 하나인 김성일(임진왜란 전 일본을 다녀온 조선통신사절의 부사)은 "내가 퇴계선생 밑에 오래 있었으나 한 번도 제자들을 칭찬하시는 것을 본 적이 없는데, 그대만이 이런 칭찬을 받았다"고 놀라워했다. 이와 같이 퇴계 역시 사람을 알아보는 밝은 거울인, 지인지감이라는 혜안을 갖고 있었던 것이다.

선조와 광해군 때 명신名臣 한음 이덕형과 오성 이항복은 동인과 서인이라는 서로 다른 당파에도 불구하고 나라의 장래를 위해 우수한 후진을 발굴해서 양성하고자 의기투합했는데, 어느 날 기별이 와서 오랜 친구인 한음의 사랑에 가보니 이이첨이 앉아 있었다. 그때까지 이이첨은 신언서판身言書判이 뛰어난 신진 관료로서, 한음의 눈에는 나라의 장래를 맡길 만한 인물로 비쳐 천거하려 했던 것이다. 오성은 그를 보자마자 문을 닫고 나와버리니, 한음은 배웅하면서도 의아하게 생각했다. 그러나 이이첨은 광해군 때 끝내 그의 본색을 드러내고 국가 사직을 헝클어놓고 말았다. 이와 같이 그의 본색이 드러난 후에야 한음은 오래 전에 오성이 보여준 뛰어난 혜안을 두고두고 칭찬했다.

그러면 이처럼 불가사의한 지인지감의 혜안을 속세의 경영인이나 간부들 중에서 어찌 기대할 수 있으랴 하는 의문도 있을 수 있다. 그러나 그렇지만은 않은 것이 인간세상이다. 예를 들면, 어느 기업에서 스카우트되어 근무한 지 오래지 않아 별다른 과오나 허물이 없었던 어느 경영자에 대해, 한 젊은 경영자가 "저자는 반드시 회사에 큰 피해를 줄 것이다"고 했을 때 이에 동조하는 간부는 거의 없었다. 몇 년 후 다른 경영자가 그에 대해 "저 사람은 반드시 실수를 반복할 것이다. 왜냐하면 자신의 잘못을 결코 인정하지 않기 때문이다."고 했다. 이때에도 임원들은 이를 받아들일 눈이 없었으나, 실무진의 간부 중에는 우려하는 자가 더러 있었다. 그러나 사장과 사업본부장들은 그의 결점을 제대로 인식하지 못함으로서 하등의 보완조치를 하지 않고 '그 사람 아니면 안 된다'는 식으로 매달리기만 했다. 그러나 앞서 두 사람의 예측은 뒷날 사실로 나타났던 것이다.

앞의 두 사례에서 보는 밝은 통찰력 즉 혜안을, 일반인들은 마치 허황된 짐작에 불과한 것으로 생각하는 경향이 있다. 그러나 사려 깊고 통찰력을 가진 그들에게 물어보면 이것이야말로, 비록 과학적인 체계와 증거를 갖추고 있지 않을지라도, 대단히 종합적이고 합리적인 귀결이며 확실한 심증心證이라 할 것이다.

히틀러와 뮌헨회담을 하고 돌아온 체임벌린 수상은 영국 국민들에게 협정서를 내보이면서 자신의 평화적인 조치를 자랑했다. 그러나 1년이 못 되어 전쟁은 터졌고, 평화협정에 환호하던 국민과 언론은 비난과 항의를 퍼부었다. 체임벌린은 얼굴을 들지 못하고 다우닝가의 수상관저의 뒷문으로 숨어 들어갔다. 그러나 처칠을 비롯한 통찰력 있는 일부 인사와 정보계통의 판단은, 히틀러와 전쟁은 처음부터 불을 보듯 분명했던 것이다.

지금도 북유럽 여러 나라에는, 대서양 건너 거대한 잠재력을 가진 미국의 참전이 없었더라면, 유럽은 히틀러에 의해 완전히 정복되었을 것이라고 단언하는 사람들이 많다. 민주주의라고 해서 눈 뜬 장님 같은 자들에게 정치나 경영을 맡기는 것은 위험하고, 불행한 일이 아닐 수 없다.

예나 지금이나 인간사회의 고차적인 일과, 특히 인사 문제는 권력자나 측근들이 가지고 있는 나름대로의 지혜와 통찰력에 의해 평가되고 결정된다. 어떤 의미에서 경영이나 인사는 어느 정도 주관적일 수밖에 없으며, 이것이 부당하다고 할 수도 없다. 그러면 어떻게 해야 이렇게 중요한 혜안을 가질 수 있을까?

우선 자신의 형식적인 겉치레나 권위의식에서 벗어나서 마음의 문을 열고, 목소리를 낮추면 보다 밝은 눈을 가질 수 있을 것이다. 제대로 소화하지 못한 것을 지껄이다 보면 내부의 의식이나 총명이 계발될 수 없으며, 지혜가 쌓일 여지도 없을 것이다. 그러므로 "침묵의 체로 거르지 않은 말은 소음이다"고 한 법정 스님의 말은 시사하는 바가 크다.

그러나 주위에는 혜안의 존재조차 모르고 물욕과 쾌락을 추구하는 유한 졸부들이나, 이들의 인생이 부러워서 천박한 행동거지를 흉내내기에 바쁜 고학력자들이 많다. 방송이 제공하는 잡다한

토막지식이나 SNS를 타고 날아다니는 설익은 코멘트나 쓰레기 정
보들을 지혜로 알고 있는 지식인과 간부들은 이제라도 지혜에 눈
을 떠야 할 것이다.

　정치인, 연예인, 비즈니스맨, 등의 경우에는 인기관리나 사업
을 위해서 어쩔 수 없다지만, 지식의 홍수 속에 사는 지식인이나
학생들이 SNS를 가까이하는 것은 바람직하지 않다. 그렇잖아도
구미와 일본에서는 SNS의 사용을 중단하는 지식인들이 최근 크게
늘어나는 추세다.

4. 두 부류의 인간

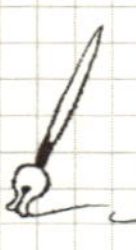

공자의 제자 복자천宓子賤이 노魯나라 왕의 부름을 받아 단부현單父縣의 현장으로 부임하게 되었다. 그는 부임 전에 양주陽晝라는 사람을 찾아가서 백성을 다스리는 일에 관해서 가르침을 청했다. 그러나 양주는 자기는 백성을 다스리는 일을 전혀 모르므로 고기를 낚는 이치에 대해 한마디 하겠다고 했다. "양교(陽鱎, 돌잉어의 일종)라는 고기가 있는데, 이놈은 낚싯밥만 드리우면 떼를 지어 몰려오므로 잡기 쉬우나 살이 얇고 맛이 없다. 한편 방어魴魚라는 놈은 낚싯밥을 보고도 본체만체하므로 잡기 어려우나 살이 두텁고 맛있다."

진실로 이치에 닿는 말이라고 여기면서 부임하는데, 그가 미처 단부성에 이르기 전에 많은 사람들이 영접을 나와서 소란 떠는 것을 보고 '이들이 바로 양주가 말한 양교라는 고기다'라는 생각에 마차를 빨리 몰게 해서 이들을 지나쳐 성내로 들어갔다. 그리고 곧장 부로父老들을 찾아 그들의 의견을 청취했다는 고사가 있다. 이것만 봐도, 이후 그가 백성을 잘 다스렸을 것이라 쉽게 짐작이 간다.

　　예나 지금이나 이처럼 특이한 사람이 있는가 하면, 아첨하면 좋아하고 뇌물을 쓰면 반드시 효과가 있는 벼슬아치들이 많다. 심지어 그 폐해가 뻔히 보이는데도 개인적인 치부에 연연하거나 승진에만 매달리는 관리도 적지 않다. 상명하복 계급 조직인 군대는 승진이 초미의 관심사인데, 그 중에도 별을 다는 인사에는 온갖 잡음이 따른다. 가장 깨끗해야 할 교육계도 예외는 아니어서 교장 승진에는 집을 한 채 팔아야 하고, 사립학교 교사발령을 받는 데도 억대의 돈이 든다고 한다. 이런 조직에서는 애국이나 인성교육이란 말을 들먹이기가 민망할 터인데, 어떻게 인격적인 권위가 붙고 존경을 받을 수 있겠는가?

　　한편 민간기업에서는 계층간의 벽이 얇고 비교적 능력위주이므로, 간부의 승진에 뇌물수수 사례는 비교적 드물지만, 승진이라면 누구나 대단한 관심을 보인다. 한때 한국과 일본에서 화제를 일으킨 문제의 책 『한국의 붕괴』에서 평론가인 저자 고무로 나오키(小室直樹)는 "한국인이 열심히 일하는 것은 부富보다는 사회적 지위를 얻기 위해서이다. 한국의 노동자 역시 많은 보수보다 지위를 바란다. 이 점은 한국을 이해하는 데 하나의 열쇠가 된다."고 했다.

　　그러나 이와 같이 오염된 세상에도 건전한 가치관을 가지고 자신의 명예를 더럽히지 않으려 노력하는 간부도 적지 않으며, 심지어 상사에 밉보여가면서도 나라와 기업을 중시하는 그야말로 대의大義를 따르는 훌륭한 사람도 더러 있다. 이들을 알아보고 활용하는 것이 경영의 핵심인데도, 언제나 주위에 인재가 없다고 푸념이나 하는 이들이 많다. 그래서 위정자든 기업가든 그들에게 가장 중요한 것은 사람을 알아보는 능력인 지인지감이라 할 수 있다.

인간의 가치는 그 사람의 인격이라 해도 지나친 말이 아니고, 인격은 그의 의식수준을 형성한다. 그리고 사람을 유유상종하게 하는 친근감은 다른 여러 가지 여건보다 동질의 가치관 또는 비슷한 의식수준에서 우러난다고 할 수 있다. 따라서 의식의 바탕이 유사하고 의식수준이 비슷한 사람들끼리 어울려야 정서적인 안정감을 느낄 수 있는 것이다.

그러므로 지식이 아무리 많아도 가치관이 다르거나 의식수준이 낮은 최고경영자가, 가치관이 다르거나 의식수준이 높은 인재를 가까이하거나 중용하는 것은 기대하기 어렵다. 그가 그렇게 하면 안 되는 것을 잘 알지만, 의식수준이 같거나 낮은 사람을 경영에서도 가까이 하는 이유는 이성(머리)보다 더 영향력이 큰 정서(가슴)가 호응하지 않기 때문이다.

기업이든 국가든 모자라거나 바르지 않은 측근들 때문에 발생하는 피해는 이루 다 말할 수 없다.

5. 지식보다 지혜 경영

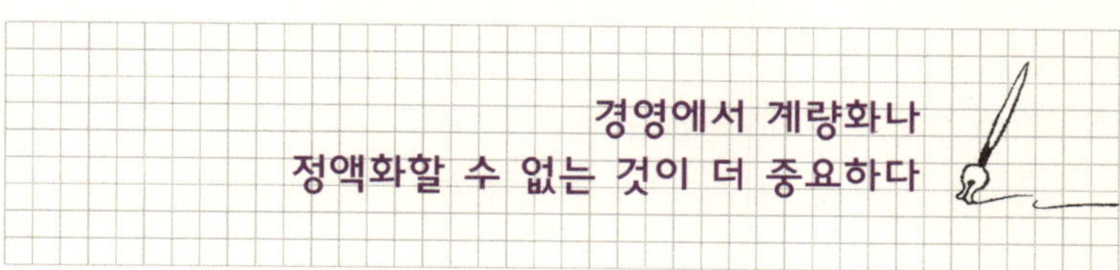

지식과 지혜는 흔히 사용되는 용어이나 매우 다른 것으로, 지식은 후천적으로 습득하는 정보로서 노력에 의해서 얼마든지 쌓을 수 있는 것인 반면, 지혜는 후천적이기보다 선천적이라 할 수 있다. 따라서 공부를 많이 하거나 경험이 풍부하다고 해서 반드시 더 지혜로워지는 게 아니다.

이를테면 부장판사나 고위직의 관료라도 지혜를 타고나지 않으면 이치에 맞지 않는 판결이나 말을 해서 비판을 받는 경우가 적지 않다. 이는 지식이나 경험이 부족한 게 아니라 타고난 판단력 또는 사고방식에 결함이 있는 즉 지혜가 부족한 것이다. 달리 말하면 높은 **IQ**에 열심히 공부해서 고시에는 합격했지만 타고난 자질이 슬기롭지 못해서 언제나 정신연령이 낮은 언행을 계속하는 유형의 사람들이라 할 수 있다.

그런데, 입학이나 취직시험에서는 지식의 영향이 더 크지만, 사회나 가정생활의 성공 여부는 지식보다 지혜가 훨씬 중요하다. 특히 지혜는 입사 후의 적응뿐만 아니라 고위직으로 갈수록 승진

"

에 결정적으로 작용한다. 그러므로 대기업이 주위의 기대와 달리 정체되어 있다거나, 우리나라가 중진국을 졸업하지 못하고 30년 가까이 머뭇대고 있는 것 역시 지식의 문제가 아닌 정치지도자와 최고경영자들의 의식과 지혜의 문제라 할 수 있다.

기업은 경영이라는 인간의 활동에 의해서 흥하기도 하고 망하기도 한다. 그러므로 경영의 요체는 사람을 쓰는 일 또는 인사人事라 할 수 있는데, 인사권자가 반드시 갖추어야 할 자질이 바로 지혜이다.

오늘날과 같이 경영학이 발달하고 각종 경영기법과 도구가 많이 보급되어 있는 고도산업사회에서, 기업의 경영자로부터 관리자에 이르기까지 경영이론에 밝으며 나름대로의 일가견을 자부하는 사람도 적지 않다.

그러나 실제 경영에 참여하거나 경영 결과를 보면 어처구니없는 현실을 발견할 수 있다. 이것은 경영이론이나 관리기법상의 문제가 아니라 경영의 주체이며 객체인 인간의 능력과 자질을 파악하고, 이를 효율적으로 활용하지 못하는 데 주로 기인하는 것이다.

과학문명이 지배하는 현대에서, 지식이 많거나 유능하다는 사람일수록 계량적인 자료를 선호하고 사물의 객관화할 수 있는 면에만 가치를 부여하려는 경향이 있다. 따라서 인간의 능력과 의식마저도 수치화 또는 객관적인 대비가 어렵다는 이유로, 기업의 경영과 관리에서 제대로 고려되지 않는 경우가 많다. 그러나 정말 유능한 경영자라면 보이지 않는 비용을 장부에 기록되는 비용보다 더 중시해야 할 것이다.

또한 과학 아니면 미신이라는 식의, 지혜가 결핍된 학교교육과 거의 사라진 가정교육 때문에, 졸업 후 사회에 나와서도 형이상학적인 가치에 무관심하거나 비계량적이거나 정액화定額化되지 않는 사물을 과학으로 증명되지 않았다는 이유로 도외시하는 잘못을 저지르는 사람이 의외로 많다.

그러나 이렇게 경시되거나 도외시되는 것이 경영의 가장 중요한 대상이며 더 큰 결과를 가져오는 근본적인 요소인 경우가 많다. 어느 의미에서는, 인사를 포함한 경영활동의 대부분은 객관적인 자료를 참고로 해서 주관적인 판단에 의존할 수밖에 없는 것이다. 그런데도 많은 경영자가 이 점을 제대로 인식하지 못하고 있다. 이와 같은 현상은 기업경영뿐만 아니라 정치를 비롯해서 우리 사회의 다른 분야에서도 쉽게 볼 수 있다.

그런데 국가 기관이 아닌 기업경영에서는 이와 같은 '객관성 우선'이라는 장애물을 보다 쉽게 뛰어넘을 수 있다. 지혜에 눈을 뜬 유능한 CEO라면, 인사와 기타 경영 분야에서 형식보다는 실리, 일부에 대한 객관성보다는 전체에 대한 종합적인 평가와 판단이 얼마든지 가능하기 때문이다.

6. 경험의 중요성은?

경험이 중요하다고들 하지만, 창업이나 창업 후의 경영에서 경험이 필수적이냐 아니냐 하는 문제에는 견해를 달리하는 사람도 적지 않다. 특히 개혁을 하려면 그 분야의 관습에 젖지 않은 경영자의 새로운 시각이 더 유리하다는 주장도 있을 수 있다. 그러나 여기서 경험을 한 직종의 직무에 한하지 않고 넓은 의미의 경력 즉 경륜을 의미한다면, 경험의 중요성은 재론의 여지가 없다 하겠다.

2012년 대통령 선거를 앞두고 신데렐라로 떠오른 정보통신 업계의 스타가, 정치와 공직의 경험이 없는 것을 변호하기 위해 자기는 경험이 별로 중요하지 않다고 생각한다며, "2m 깊이의 풀장에서 수영을 할 줄 아는 사람은 태평양에서도 헤엄칠 수 있다. 나도 종업원 300명의 기업을 경영해 봤으므로 대통령이 되면 국정을 잘 수행할 수 있다"고 했다. 이 말을 두고 기성 세대는 '현실을 모르는 풋내기다운 말'이라며 그의 능력을 의심하는가 하면, 기성 정치에 식상한 젊은 세대는 '성공한 벤처 기업가다운 참신한 견해'라며 오히려 반겼다.

6·25전쟁 전인 1948년 말, 육사 8기로 입교해서 6개월간의 교육을 수료하고 소위로 임관되자 바로 지리산의 공비토벌에 투입되었던 예비역 대령의 경험담이다. 훈련과정에서 총검술과 박격포 발사도 경험하고 야포 포탄의 위력도 체험한 그였지만, 막상 소대원들을 이끌고 고요한 산속으로 들어가니 긴장이 온몸을 엄습해 왔다. 이윽고 어디선가 한 발의 총소리가 정적을 깨뜨리자, 그의 턱이 마구 떨리기 시작하는데 이를 악물고 애를 써도 억제할 수 없었다. 한편 경험 있는 소대원들은 긴장만 할 뿐 전혀 턱을 떨지 않았으니, 새내기 지휘관으로서 체면이 말이 아니었다. 그런데 이와 같은 경험 부족과 공포에서 오는 신체적인 반응은 약 2주가 지나서야 겨우 없어졌다.

이처럼 두렵고 당황하는 상태에서 일선 지휘관으로서 상황을 파악하고 최소한의 리더십이라도 발휘할 수 있었겠는가? 이 사례를 통해 알 수 있는 바와 같이 경험이라고 할 만한 것이 없는 사람이 위험하거나, 규모가 엄청나거나, 복잡하게 얽힌 일이나, 큰 투자나 손익이 걸린 일을 맡을 경우, 천재적인 소질을 타고난 예외적인 사람이 아니라면, 경험 부족에 기인하는 실수 또는 미숙에서 오는 손실을 면할 수 없다. 더욱이 기업과 달리 선거권을 가진 국민들 외에 비판과 견제를 주로 하는 야당과 언론이 존재하는, 즉 풀장이 아니라 태평양에 비유될 수 있는 국정에서, 최고 책임자로서 처음부터 자신의 페이스를 지키는 것은 기대할 수 없다.

역대 대통령들의 예를 보더라도, 뛰어난 자질을 타고나지 않은 사람이라면, 임기 5년을 마친들 낙제를 면하는 수준에 도달할 수 있었는가? 이보다 훨씬 축소된 직책인 장관의 경우에도 업무를 제대로 파악하는 데만 같은 부서 차관 출신이면 3개월이 걸리고, 공직 경력이 없는 사람이라면 2년이 지나도 잘 안 되는 경우가 대부분이라 한다.

비록 극단적인 예에 속하는 국정의 최고 책임자가 아니더라도, 경험이 부족한 창업자나 CEO는 기업의 창업이나 창업 후의 경영에서, 정도의 차이는 있을지라도 대개 비싼 수업료를 지불한다. 더욱이 어느 정도 업무를 파악해서 제 페이스를 찾을 때까지의 기회비용을 감안하면 기업이 입는 손실은 한층 커진다. 그러므로 경험이 부족한 경영자의 경우, 이를 보완할 인적 또는 제도적인 장치가 먼저 마련되어야 할 것이다.

7. 권한만 주면 누구든 할 수 있나

권한만 주면 누구나 할 수 있다는 기업의 간부와, 대권만 쥐면 나도 할 수 있다는 정치꾼이 적지 않다. 과연 그럴까? 역사를 주의 깊게 살펴보거나 기업의 경영을 가까이서 체험할 수 있는 사람은 아니, 단 몇 명의 부하라도 거느려 본 자라면 그렇지 않다는 것을 알 것이다. 이것 역시 '나 아니면 안 된다'는 사고방식만큼 위험하다.

1960년 7월 총선에서 2/3 이상의 의석으로 집권해서 10개월도 못 버틴 장면 총리의 제2공화국과, 2007년 12월 대선과 2008년 4월 총선에서 압승하고도 5년 임기 내내 소수의 야당과 재야의 좌파세력에 휘둘려서 차기 정권까지 포기했던 MB정권을 보면, 정권만 잡으면 할 수 있다는 말은 보편성이 결여된 것을 알 수 있다. 흔히들, 훌륭한 신하를 둔 왕이나 유능한 보좌관을 둔 국가원수는 능력이 시원치 않아도 잘 해낼 수 있다고 말한다. 그러면, 이조 5백 년을 통해서 가장 우수한 정승에 속하는 이원익, 이덕형, 이항복의 보필을 받은 광해군은 왜, 선정을 베풀지 못하고 인조반정으로 쫓겨나고 말았는가?

아무리 훌륭한 보좌관들이 있은들 만나지 않고 의견을 따르지 않으면 아무런 도움을 줄 수 없다. 좋은 정책을 제의하고 처신에 대해 간언할 수는 있어도 진정으로 받아들이는 것은 그의 몫이다. 적어도 소화는 자신이 해야 한다는 말이다. 충분한 소화 즉 확실한 인식의 과정을 거치지 않고는, 결정을 위한 결단력도 결정 후의 추진력도 생길 수 없는 것이다. 이는 염소를 물가에 끌고 갈 수는 있어도, 물을 먹일 수는 없는 것에 비유될 수 있다.

또한 국가원수의 됨됨이에 따라 시간이 갈수록 일정 유형의 각료나 보좌관들이 모여들게 되므로, 이 경우에는 적어도 '닭이 먼저냐, 계란이 먼저냐'하는 식의 논란은 있을 수 없다. 그러므로 종합적으로나 대외적으로나 잘한 것도, 못한 것도 모두 대권을 가진 자의 공과라 하지 않을 수 없다.

이와 같은 현상은 경영에서도 마찬가지다. 보좌관이나 소위 스태프라는 사람들의 역할이란 CEO를 도와주는 한계를 벗어날 수 없는 것은 어느 시대, 어디서나 다르지 않다. 그리고 경영자의 진면목은 어려운 환경에서 쉽게 드러나므로, "장군에는 두 가지 유형이 있는데, 평화시대의 장식물과 전쟁에 필요한 장군이다"라고 한 나폴레옹의 말은 시사하는 바가 크다. 이것은 본래부터 할 수 있는 자격을 갖춘 사람이라야 제대로 하는 것을 기대할 수 있다는 뜻으로, 고액 연봉이나 별다른 보상(incentive)의 다소 이전에 근본적인 능력의 문제이다.

결론적으로 요약하면, 할 수 있는 사람은 할 수 있으나, 할 수 없는 사람은 권한을 주어도 할 수 없다는 말이다. 기업체를 포함해 수많은 조직의 경영자와 간부 가운데, 주어진 직권을 적절히 사용할 능력이 없어서 직무를 제대로 수행하지 못하는 사람이 의외로 많은 것이 현실이다.

그러므로 업무의 수준과 범위가 달라지는 상위직책으로 승진하는 경우 하위직책에서의 업무실적과 평가를 중시하는 연공서열식의 승진인사보다는, 승진 후 상위직책에서 누가 더 잘할 수 있는가 하는 관점에서 판단해야 한다. 이와 같은 스타일의 승진인사는 전국적인 형평성을 중시해야 하는 정적인 정부조직보다, 결과를 중시하며 재빠르게 적응해야 하는 동적 환경인 기업에서는 반드시 우선되어야 할 것이다.

8. 2인자의 한계

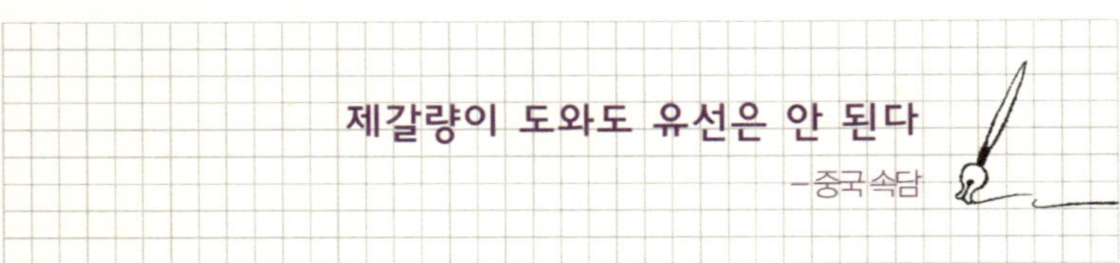

성공한 기업이나 국가에는 충성스럽고 유능한 2인자가 있기 마련인데, 이들은 주인의 그림자처럼 한 발짝 뒤에 있으면서 사물을 보다 냉정하고 객관적으로 보며 주인의 부족한 부분이나 미치지 못한 부분을 보완한다. 또한 주인보다 멀리 보면서 미리 대비를 해둠으로써 주인의 유고나 의외의 외풍에도 기업이나 국가가 치명적인 손상을 입지 않도록 한다.

그러므로 2인자는 성격과 경력과 성장환경이 주인과 달라서 상호보완적일 수 있는 것이 보다 바람직하다. 흔히 망하는 기업을 보면 혈연, 학연, 지연 등이 같은 이들이 한통속이 되어 경영을 전횡해 온 경우가 많다.

우리나라의 대기업에서도 오너와 궁합이 잘 맞았던 2인자가 많았다. 삼성그룹은 이병철과 소병해, 이건희와 이학수, 현대그룹은 정주영과 이명박, 정몽구와 김용환, LG그룹은 구자경과 이문호, 구본무와 강유식, SK그룹의 최종현과 손길승 등이 꼽히고 있다. 한편 망했거나 위기를 벗어나지 못하는 그룹 중에는 제대로 된

2인자가 아예 없거나 그룹 내에서 경력과 평가를 쌓지 않은 채 어느 날 갑자기 나타난 2인자가 크나큰 손상을 입힌 사례를 볼 수 있다.

이재현 CJ그룹 회장, 정태수 한보 회장, 이호진 태광 회장 등에는 2인자가 없었으며, SK그룹의 최태원 회장 곁에는 그룹 내에서 한때 '묻지마 회장'으로 불리며 총애를 받은 점쟁이 같은 고문이 있었고, 동양그룹에는 계열회사의 젊은 사장이 있었다. 사태가 터진 후에도 동양그룹의 임직원들은 갑자기 나타난 그가 어떻게 막강한 권한을 행사하게 되었는지 잘 모르고 있었다.

기업이든 국가든 상황에 따라서는 2인자가 반드시 한 명일 필요는 없다. 이를테면 한나라 태조 유방은 분야별로 2인자를 두었는데, 즉 전략에는 장량, 전쟁에는 한신, 행정에는 소하가 담당했다. 그런데 대륙의 통일, 즉 한나라의 건국이 완료된 후 장량은 탁월한 전략가답게 신선이 되겠다며 산속으로 숨어버렸으나, 정치에 미련을 끊지 못한 한신은 얼마 후 토사구팽을 당해 참혹한 최후를 맞았다. 한편 이들 두 사람처럼 천재적인 재능은 없으면서 묵묵히 나라 살림살이를 꾸려나가면서 주인을 뒷바라지한 소하만이 재상으로 남을 수 있었다.

모두가 잘 알고 있는 것처럼, 2인자는 기업의 여러 사업과 조직을 조율하는 조정자가 되어 CEO의 부담을 덜어주고 실수를 줄일 수 있어야 한다. 그리고 정치와 사회와 경제의 흐름을 읽고 CEO에게 조언을 하고, 중요한 결정을 앞두고는 부작용과 역효과를 제대로 상기시켜서 실패의 확률을 줄일 수 있어야 한다. 따라서 기업이든 국가든 명철하고 충성스러운 2인자의 존재가 성공의 필요조건이라 할 수 있다.

그렇다면 훌륭한 2인자가 보필하고 있는 조직이라면, 어떠한 환경에서도 파탄은 피할 수 있겠는가? 이에 대한 대답으로는 '제갈량이 도와도 유선劉禪은 안 된다'는 말이 있다. 중국 역사에서 가장 뛰어난 전략가인 동시에 재상인 제갈공명이 전심전력으로 보필해도 유비의 아들인 유선이 임금으로 있는 한, 나라가 망할 수밖에 없었다는 말이다.

유선은 유비의 유언대로 제갈량을 아버지처럼 여기며 그의 충고나 의견을 거역하지 않았으나, 천성이 어리석고 나약해서 제갈량이 전선에 나가 자리를 비우는 동안에 적의 반간계反間計에 걸린 내시나 간신의 말에 놀아나 승리를 목전에 둔 제갈량을 불러들이는 등, 국정에 큰 손실과 혼란을 야기하곤 했다. 그의 무능은 결국 제갈량의 면밀한 대비에도 불구하고, 그의 사후 한 세대를 못 넘기고 위나라의 작은 군대에 항복하는 것으로 귀결되었다.

어릴 때 유선은 재주가 있고 착해서 주위의 사랑과 기대를 한 몸에 모았다. 그러나 일찍 어미를 사별한 후, 한동안 엄격히 훈육하던 계모 손인(孫仁, 吳나라 손권의 여동생)마저 손권의 계략에 의해 오나라로 돌아가버리자, 시녀와 환관들의 손에서 너무 곱게 길러져 보통 아이만도 못하게 되었던 것이다. 이 잘못된 양육에 대해서는 제갈량도 염려한 적이 있었다. 본래 유선에게는 자질이 뛰어난 두 이복동생이 있었으나, 유비는 장남에다 그가 지극히 사랑했던 정비正妃의 외아들인 유선을 후계자로 삼았다.

우리 역사에서도 훌륭한 2인자로 유성룡을 꼽을 수 있다. 그는 임진왜란 7년 동안 끊임없는 반대와 파직까지 당하면서도, 전시 최고 책임자인 영의정 겸 도체찰사로서 끝내 나라를 지켜냈다. 특히 인재를 알아보는 능력이 뛰어나, 임란 1년 전에 정읍 현감인 이순신을 7단계 위의 전라좌수사로, 문신인 권율을 5단계 위의 의주 목사로 발탁했다. 그가 비록 우의정으로 이조판서 겸임이라 하나, 좌우의 반대에도 불구하고 이처럼 파격적인 인사를 관철해서 나라를 구할 수 있었던 것이다.

그러나 방계출생의 콤플렉스에 의심이 많고 변덕스러운 선조가 주인으로 있는 한, 그 역시 전쟁을 막을 수도 승리다운 승리를 이룰 수는 없었다.

이들 사례에서 알 수 있는 바와 같이 2인자의 능력이 아무리 출중해도, 난세 즉 경쟁이 치열하거나 위험한 환경에서 모든 것을 보완할 수는 없다. 그러므로 우선 주인의 됨됨이가 잘나야 한다. 그렇지 않으면 훌륭한 2인자가 자랄 수도 없고, 있는 2인자마저 제대로 활용할 수 없기 때문이다.

이와 같은 의미에서, "관리자는 기를 수 있으나 최고 지도자는 타고나는 것이다"는 현시대 최고의 현자로 존경 받은 고 이광요(李光耀: 싱가포르의 건국자이자 전 수상)의 말을 음미할 필요가 있다.

9. 상속은 제2의 창업

어떤 조직에서나 최고 권력자의 역량이 그 조직의 성패에 가장 큰 영향을 끼친다. 특히 대주주로서 기업의 경영권을 가지고 있는 경우, 그는 절대군주와 다를 바 없이 군림하는 것이 보통이다. 그러므로 기업의 장래는 창업과 상속의 과정에서 어떤 능력을 가진 사람이 최고경영자가 되느냐에 달려 있다고 할 수 있다.

그런데 많은 경우 비극은 기업의 상속에서 비롯된다. 창업도 중요하지만 어떤 면에서는 기업의 상속 특히 경영권의 대물림이 더 중요하고 위험한 일이다. 최근의 보도에 의하면 40대 재벌 가운데 18개가 상속에 관련된 분쟁을 경험했거나, 현재 분쟁이 진행 중인데 법정 투쟁은 예사이고 패륜 행위도 불사한다. 그러므로 상속을 제2의 창업이라고도 할 수 있는 것이다.

장남이 반드시 우수한 사업가의 자질을 갖추고 있지 않은데도, 우리나라의 창업주들은 아직도 사업 종류나 특성에 상관하지 않고 장남에게 경영권을 물려주는 경우가 많다. 이는 경쟁이 별로 없던 옛날 농경사회에서 논부자의 경우처럼, 장자세습 전통을 그대로 답습하고 있는 것이다. 게다가 세태가 많이 변해서 기업주들도 대개 외아들만 있는 추세다 보니, 선택의 여지조차 점점 줄어드는 형편이다.

정적이고 평화로운 농경사회와 달리, 사막에서 떠도는 유목민들의 지도자는 능력에 의해서 결정되지 장자세습이 아니라 한다. 이것은 사막에서 길을 찾아다니는 일에서부터 끊임없이 부닥치는 다른 집단과의 충돌에서 살아남기 위해서는 너무나 당연한 풍습이라 하겠다.

기업의 소유나 경영 외에, 수많은 다른 좋은 직업이 있는 다원화 사회인 현 시대가 상속 문제를 해결하기에 더 편리하다. 그런데도 이재理財에 소질도 없고 단 몇 명도 거느릴 수 없는 그릇의 장자에게 그것도, 회사 안팎의 온갖 외풍에 시달려야 하는 큰 기업체를 맡겨서 몇 십 년을 버티지 못하고 망해버린 예가 적지 않다.

이와 같이 부당한 상속은 결과적으로 2세에게 감당할 수 없는 멍에가 될 뿐만 아니라 수많은 종업원의 인생을 본의 아니게 불행하게 만들고, 국가의 재산을 축내는 엄청난 결과를 가져오는 것이다. 만약 그런 부당한 상속을 하지 않는다면 처음에는 섭섭한 마음에 부자간의 갈등도 있겠지만, 그 2세는 도리어 행복하고 보람찬 인생을 살 수도 있을 것이다.

더욱이 정보통신산업이 주도하는 21세기는, 국내외의 경쟁이 해가 갈수록 더 치열해질 뿐만 아니라 기업환경 자체의 근본적인 변화가 계속되므로, 어떤 종류의 사업도 향후 3년을 예측하기 어려운, 이른바 불확실성의 시대라 할 수 있다.

그럼에도 불구하고 장자 상속의 전통을 고집하는 것은 위험하고 무지한 행위라 하겠다. 이렇게 개방된 사회에서, 테스트 또는 예비상속 기간이라도 가질 수 있는데도, 끝내 그런 비극을 초래케 하는 것은, 2세보다도 상속이라는 제2의 창업에 실패한 기업주의 책임이라 할 수 있다.

그러므로 사업가는 평소 전문경영인을 양성해서 원만하고 미래지향적인 상속에 대비하든지 아니면, 장자가 아니더라도 보다 우수한 자녀를 선별해서 시간을 두고 점진적인 상속을 해야 할 것이다. 비록 이와 같은 상속은 말하기는 쉬워도 제대로 실천하는 경우가 드물지만, 성공한 사업가라면 이 정도의 지혜와 결단력은 반드시 지녀야 할 능력이 아니겠는가?

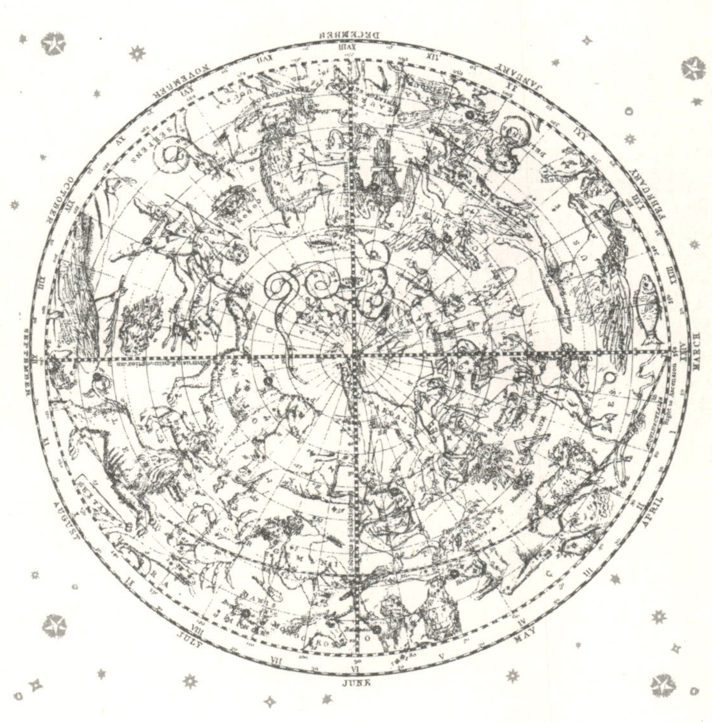

빨리 가려면 혼자 가고,
멀리 가려면 여럿이 가라

– 아프리카 속담

1. 가치관 경영이란?

가치관 경영이란 기업의 가치관을 정립해서, 이를 경영과 업무 전반에서 가장 중요한 기준으로 삼는 경영을 말한다. 기업의 가치관이란 그 기업의 사명(mission)과 핵심 가치(core value)와 꿈(vision)에 대해서, 모든 종업원들이 공감하고 공유하는 인식 또는 기업의 문화라 할 수 있다.

예를 들면, 일본 MK택시회사(재일교포 유봉식 회장이 1960년 교토에서 창립)는 '택시운전수란 손님의 귀중한 생명을 싣고 목적지까지 편하고 즐겁게 모시는 직업으로 여객기 조종사와 다를 바 없다'는 사명감으로 신선한 충격을 주면서 세계적으로 유명해졌다. 월마트는 '가난한 사람도 부자처럼 쇼핑할 수 있게 도와 준다'는 자부심으로 세계 최대의 유통 업체가 될 수 있었다. 그리고 Microsoft는 '사람마다 개인 컴퓨터'를, Ford는 '집집마다 자가용'을 비전으로 했다.

가치관은 사람을 자발적으로 움직이게 하고, 자신의 일에 자부심을 느끼게 한다. 가치관을 공유하면 업무상의 스트레스가 줄어들고 능률이 오를 뿐만 아니라 애사심도 높아진다. 점차 화합하는 분위기 속에서 단결심도 생기면서 동료가 뜻을 같이하는 동지로 변하게 된다.

그러므로 가치관 경영이야말로 제각각 따로 노는 현대인들을 통합과 자율 속에 뭉치게 할 수 있는 조직문화이다. 이렇게 되면, 세월호의 선장과 선원들이 보여준 이해할 수 없는 사고방식과 행동을 예방하는 수단이 될 수도 있다.

하버드대 JP 코터 교수의 연구에 의하면 가치관 경영을 하는 기업은 다른 기업보다 수익이 4배 빠르게 성장하고, 고용 창출 규모는 7배 높고, 주가가 12배 더 빨리 올랐으며, 이윤은 750% 높은 것으로 나타났다.

『가치관 경영—영혼이 있는 기업은 지지 않는다』의 저자 전성철 세계경영연구원 회장은 〈직원을 객차에서 기관차로 만드는 가치관 경영〉이란 제목의 강연에서, 가치관은 직원을 '계약적 존재'에서 '이념적 존재'로 변화시킨다. 이를테면 먹고 살기 위해 어쩔 수 없이 계약에 따라 일하는 것이 아니라, 스스로 돈보다 의미와 보람을 찾아 '자기 실현적 존재'로서 능동적으로 일하게 된다.

예를 들면, 상하이에 비슷한 시설의 발 마사지 집이 2개 있는데, 한 곳은 문전성시고, 옆집은 개점휴업 상태였다. 문전성시 가게의 비결은 가치관이었다. 그 집의 사장은 직원들에게 종종 "당신은 무엇을 하는 사람입니까?"라고 묻곤 했는데, 만일 "저는 발 마사지하는 사람입니다."라는 답이 돌아오면 그 사장은 말했다. "아닙니다. 당신은 그저 발을 주무르는 사람이 아니라, 지친 사람들의 스트레스를 풀어주고 에너지를 불어넣는 사람입니다." 그러다 보니 직원들이 일을 대하는 차세부터 달라졌다. 반면 옆 가게의 직원들은 '남의 발이나 주물러야 하는 신세'라고 한탄과 푸념만 했다.

그리고 기업의 가치관에 부합하는 회사를 만들려면 다음의 7가지가 필요하다고 했다.

1. 리더는 진심에서 우러나오는 회사상像을 바탕으로 가치관을 만들어야 한다.
2. 가치관에 논리적 타당성이 있어야 하고, 직원들이 진심으로 수용해야 한다.
3. 가치관이 정해지면 이를 적어도 700번 이상 강조해야 한다.
4. 항상 가치관에 기반해서 칭찬하고 질책해야 한다.
5. 모든 결정 전에 가치관에 합치하는지 검토해야 한다.
6. 가치관에 맞는 전략과 제도, 관습을 만들어야 한다.
7. 인재 관리 임원이 회사 운영의 중심이 되도록 해야 한다.

가치관을 강조하면 직원 스스로 자기가 하는 일이 정말 무엇인지 깨칠 수 있고, 날마다 결정의 순간에 가치관이 뇌리에 박히면서 회사의 가치에 맞는 결정을 내릴 수 있다. 기업에 대한 영속적인 미래의 청사진도 가치관을 공유할 때 나올 수 있다. 잡다한 말과 숫자로써 나열하는 것이 아니라, 가슴을 설레게 하는 무언가가 마음에 와 닿아야 가치관 경영이 자리 잡게 되는 것이다.

그리고, 가치관 경영이 제대로 되지 않는 기업의 일반적인 증상으로는, 이직률이 높고, 업무 효율성이 낮으며, 회사에 대한 자부심이 낮고, 직원들의 윤리성이 낮으며, 직원들이 변화에 잘 따르지 않고, 직원간 상호 협력이 잘 되지 않으며, 파벌이 심하고, 의사결정에 있어서 소모적인 논쟁이 자주 벌어지는 것 등을 들 수 있다.

『좋은 기업을 넘어서 위대한 기업으로』의 저자 짐 콜린스는 "모든 위대한 기업의 핵심 요소는 가치관이다"라고 했다. 실제 성공하는 기업을 보면 돈보다 가치를 더 중시하는 반면, 쇠퇴하는 기업은 돈 즉 재무적인 이익이 가치를 압도하는 것을 알 수 있다.

Sony가 몰락하게 된 시발점도 '혁신적인 제품의 창출'이라는 가치관이 비대한 조직과 더불어 점차 관료주의에 물들면서 '돈이 되고 대중적이면, 비혁신적인 제품도 괜찮다'로 변하면서부터라 할 수 있다. IBM 역시 관습이나 제도가 가치관을 압도하면서부터 기업이 쇠락하기 시작했고, 초심으로 돌아가면서 다시 살아났다.

그러므로, 기업이든 정부든 우선 구성원들의 가치관부터 확립하고, 이를 체화體化해서 경영과 업무 전반에 일관성 있게 반영되고 발현되도록 해야 할 것이다.

2. 기업주의 공명정대성

사업가의 공명정대성公明正大性은 사업의 지속적인 발전을 위해 반드시 필요하다. 수단을 가리지 않고 돈을 번 사업가들 가운데 쉽게 망해버린 자들도 얼마든지 있으므로, 이런 약삭빠른 경영이 반드시 좋은 길이 아닌 것 같다. 그러나 비정상적인 경영을 조금도 하지 않고는 사업을 할 수 없다고 주장하는 이들도 많다.

사실 세금이나 공과금도 아니면서, 때와 장소를 가리지 않고 강요되는 준조세 성격의 경비와 피할 수 없는 뇌물과 정치자금을 고려하면 무리한 말도 아닐 수 있다. 그러나 이에 대한 예외는 국내에도 있으며 외국에도 있다. 경영의 신 또는 경영의 성인이라는 마쓰시타 고노스케는 자기에게는 3가지 금기가 있다고 했다.

첫째, 세금을 포탈하지 않는 것으로, 법의 테두리를 벗어난 탈세나 감세 행위를 하지 않는다고 했다.

둘째, 토지를 대상으로 한 부동산 투자를 하지 않는 것으로, 토지란 투자나 투기의 대상이 아니라 모든 국민이 그 위에서 살고 경제적인 활동을 하도록 존재하는 것이라 했다. 따라서 '토지는 만인의 것이다'라는 남다른 철학을 가지고 한평생 실천해 왔다.

셋째, 한 가지 사업에 전심전력하는 것으로, 이것저것 벌여놓고 어느 하나도 제대로 못하는 것을 가장 경계한다고 했다. 부연하면 문어발식으로 잡다한 분야에 여러 기업을 거느림으로써, 품질이나 경쟁력 면에서 어느 하나 국내나 세계 시장에서 인정을 받지 못하는 것은, 사회와 국가의 공기公器인 기업으로서 그 책임을 다하는 것이 아니라는 경영철학에서 나온 공명정대성이다.

어떻게 보면 사업가로서 도저히 수용할 수 없는 이 3가지 원칙을 고수하면서도, 소학교를 중퇴한 그가 전쟁의 불황도 겪고 2차 대전 패전 후의 혼란스럽고 부조리가 횡행하던 시대를 극복했다. 뿐만 아니라 당대에 세계 최대, 최고의 전기 제품 메이커로서 확고한 지위를 확보한 것을 보면, 오히려 그의 독특한 경영철학이 이처럼 숭고한 승리를 이룩하게 한 것이 아닌가 생각되기도 한다.

법 이전에 도덕이 있고, 도덕 이전에 양심이 있는 것이 인간의 특성이지만, 현명한 사람일수록 법보다는, 더 근원적인 도덕과 양심에 근거해서 일을 도모하고 이익을 추구하는 법이다. 그러므로 선진국 사람들이 더 두려워하는 것은 법보다 사회의 신뢰인 것 같다. 법을 어기거나 사회규범을 벗어나는 일을 저지르면 사업가든 정치인이든 그 사회에서 영원히 소외되고 매장된다.

예를 들면 사업가가 부도를 내면 다시는 경제활동을 할 수 없게 되는데, 이것은 신용으로 유지되는 경제질서의 위력이라 할 수 있다. 그런데 우리는 어떤가? 사업가의 부도는 마치 '한 번 실패는 병가지상사兵家之常事'라는 식으로 생각하는 경향이 있다. 친척은 말할 것도 없고 친구나 거래하던 동료들조차 오히려 동정하는 풍조가 있으며, 본인 역시 훗날의 재기를 위한 하나의 수련인 양 여기며, 숨겨놓았거나 빼돌려둔 재산으로 쉽게 새출발하는 것도 흔히 볼 수 있다.

기업주 또는 CEO의 경영철학이 공명정대하지 못하고 결과를 위해서는 어떤 일도 불사한다는 식이면, 그 기업의 앞날이 순탄하지 않을 것이다. 우선 상위 간부로부터 일반 종업원에 이르기까지 한마음이 되는 총화를 이룰 수 없다. 급여에 상관없이 밝지 못한 분위기를 떨쳐버릴 수 없는 가운데, 일부 기회주의자와 아첨꾼들이 때를 만난 듯이 날뛸 것이다.

이런 분위기에서 기업의 질적인 발전과 종업원들의 주인의식이나 자발적인 참여를 기대할 수 있겠는가? 기업주의 공명정대성은 바로 그 기업의 정신이고 문화라 할 수 있는데, 기업의 정신이 건전하지 못하면 한때 이룩한 기업의 성장조차 도리어 더 큰 불행이 될 수도 있다.

결국 국가와 사회의 지속적인 발전은 양적인 결과보다 질적인 과정에 더 좌우된다는 것을 알 수 있다. 외형이 크고 요란하던 수많은 기업이 내부의 질적인 발전을 우선하지 않는 비합리적인 경영풍토로 십 년을 넘기지 못하고 국가에 엄청난 빚과 사회에 크나

큰 상처를 남기면서 사라져가는 것을 종종 볼 수 있다. 이들은 대
개 사업주의 공명정대성이 결핍된 경영철학에 기인하는 경우가 많다.

3. 리더십은 신뢰에서

리더십은 진정성에 대한 부하들의 믿음에서 나오지만, 진정성 이전에 부하들을 인격적으로 대해야 한다. 진정성은 하루아침에 이루어지지 않고, 일관된 생각과 말 그리고 언행일치를 통해서 얻을 수 있으므로 더욱 귀하다. 그러므로 일 잘하는 간부가 되려고 하기보다 진정성을 바탕으로 그들의 신뢰를 얻으려는 노력부터 해야 할 것이다. 오늘날처럼 혼란스럽고 미래에 대해 불안한 시대에는 사람의 마음을 움직이는 것은 논리가 아닌 진정성이다.

진정성에 대한 부하들의 믿음을 얻기 위해서는 먼저 솔선수범해야 한다. 솔선수범하기 위해서는 권위의식부터 버려야 하는데, 형식적이고 관념적인 권위를 버려야 진정한 권위를 얻게 되는 것이다. 다음에는 포용력이 있어야 한다. 일반적으로 간부들 가운데 포용력이 있는 사람은 업무에 밝지 못하거나 결단력이 없어서 일에 매듭이 없고, 반대로 업무에 밝거나 일에 매듭이 분명한 사람은 포용력이 부족한 경우가 많다. 그러므로 업무에 밝으면서 포용력과 결단력을 갖춘 간부가 가장 바람직하겠으나 그다지 흔치 않다.

그리고, 간부가 리더십을 제대로 발휘하려면 부하들로부터 존경을 받아야 한다. 존경을 받으려면 문제를 보는 시각과 판단력에 있어서 부하들의 인정을 받아야 한다. 주위에는 진정성도 있고 교양도 갖추고 솔선수범하고 업무에도 밝은, 소위 양반으로 불리는 간부들이 많으나 리더십을 제대로 발휘하는 훌륭한 간부는 드물다.

따라서 훌륭한 간부는 이들 외에 사물을 판별하는 안목眼目 즉 보다 높은 의식 수준을 가져야 한다. 세상의 일은 보는 사람의 의식 수준에 따라 다르게 보이기 때문이다.

하나 덧붙일 것은 신상필벌信賞必罰이다. 잘한 사람에게 상을 주고 잘못한 사람에게 벌을 주면 된다고 하지만, 대부분의 부하들이 마음으로 승복하는 상벌은 그리 흔하지 않다. 특히 벌보다는 상이 공정하지 않으면 온갖 뒷말이 무성해지면서, 그간 쌓은 조직의 화합과 기강이 쉽게 허물어질 수 있다. 그리고 상을 줄 바에는, 적은 수의 수상자를 엄선하고, 수상에 따른 혜택을 기대 이상으로 해서 모두가 부러워해야 조직의 분위기를 좋게 바꿀 수 있다.

되풀이하지만, 상을 남발하거나 공정하지 못하면 부작용만 있을 뿐이다. 그러므로 상과 벌을 공정하고 확실하게 시행하는 것, 소위 공정한 불평등(equal inequality)을 실천해야 회사의 기강과 기업문화가 바로 서게 된다.

결과적으로 조직에서 리더십은 조직원들의 신뢰로서 나타나는데, 신뢰가 없이는 모든 것이 사상누각에 불과할 뿐이다. 그러므로

공자는 나라를 다스리는 데는 지도자에 대한 신뢰가 그 무엇보다
중요하다는 것을 강조했다.

자공子貢이 정치에 대해 묻자 공자는 식량을 충분히 비축하고
(足食), 군비와 병력을 충분히 갖추고(足兵), 백성이 믿고 따르게 하
는 것(民信之)이라 했다. 자공이 만약 부득이한 사정으로 3가지 중
에서 한 가지를 포기해야 한다면 어느 것을 먼저 포기해야 하느냐
고 물으니, 군비와 병력을 먼저 포기해야 한다(去兵)고 했다.

자공이 부득이 남은 2가지 중에서 한 가지를 포기해야 한다면
어느 것을 먼저 포기해야 하느냐고 물으니, 공자는 식량 비축을 먼
저 포기해야 한다(去食). 자고로 (사람은 먹지 않고는 살 수 없지만, 먹을 것
이 충분히 있더라도) 모든 사람은 다 죽어갔다. 그러나 백성이 믿지 않
으면 나라가 유지될 수 없다(民無信不立)고 했다. 이것이 공자의 치
국삼요治國三要로서 그 핵심은 백성의 믿음이 없으면 나라가 바로
설 수 없다는 것이다. 『논어 제12편 顔淵』

오늘날 우리는 모든 정보가 공유되는 인터넷과 SNS 시대에 살
고 있다. 이렇게 열린 사회가 될수록 신뢰를 받는 리더의 존재가
더욱 빛을 발할 것이다.

4. 우선 종업원을 감동시켜야

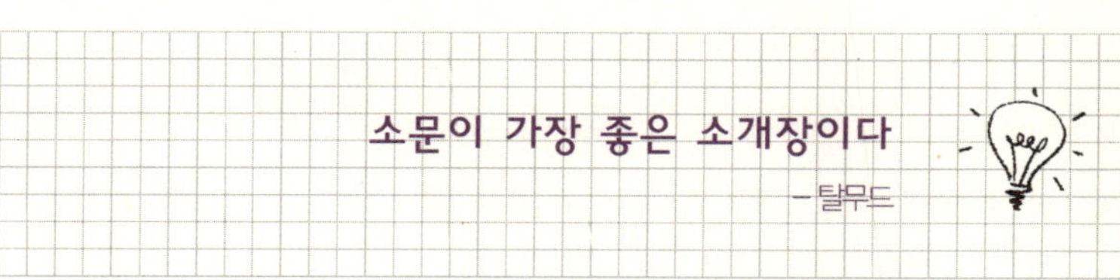

'고객이 왕'이라고들 하지만 '종업원이 왕'이라고 하는 기업은 별로 볼 수 없다. 그러나 고객들보다 종업원들로부터 더 사랑을 받는 기업이 성공한다.

보통 마케팅 강의에서 가르치는 '고객의 기대를 맞춰라'는 공리가 중요하지 않다는 것이 아니라 고객이 기대하는 것 이상을 하기 위해서는 회사에 대한 종업원들의 태도를 더욱 긍정적으로 만드는 길밖에 없으며 이것이 더 중요하다는 뜻이다.

기업의 명성관리(reputation management) 분야에서 유명한 영국 맨체스트 비즈니스 스쿨(MBS)의 게리 데이비스 교수는 건설사, 백화점, 은행 등 각각 계열이 다른 9개 회사의 56개 매장에서 고객 총 2,575명과 종업원 1,732명에 대해 설문조사를 했다. 크기, 종업원 수, 급여가 비슷한 매장을 골라서 고객에게는 해당 기업을 얼마나 신뢰하는지, 그 기업이 얼마나 사회에 공헌한다고 느끼는지 등을 묻고, 종업원에게도 같은 질문을 하고 1부터 10까지 점수를 매기게 했다.

그 결과 고객이 매긴 점수와 종업원이 매긴 점수가 달랐는데, 흥미로운 것은 종업원이 매긴 점수가 고객이 매긴 점수보다 높은 매장일수록 성과가 확연히 좋았다는 점이다. 종업원 점수가 고객 점수보다 더 높은 매장은 이듬해 매출이 평균 18% 증가하는 것으로 나타나는 반면, 고객 점수가 종업원 점수보다 높은 경우에는 이 듬해 매출이 약 18% 줄어들었다.

그 이유는 종업원이 고객에게 긍정적인 감정을 전염시키기 때 문이라 한다. 종업원이 고객보다 회사에 더 긍정적이라면, 종업원 은 고객이 처음 기대했던 것보다 더 좋은 서비스를 제공하게 되고, 고객은 생각보다 훨씬 좋다고 느낄 것이다. 따라서 고객은 더 자주 이 매장을 찾게 되고 주변 사람들에게도 추천할 것이다.

이렇게 만들기 위해서 그는 광고를 할 때도 품질과 서비스를 과장 광고하는 것보다 '실제보다 작게 포장하는 것'을 오히려 추천 하고 싶다고 했다. 이는 고객이 품질과 서비스를 경험할 때 생각보 다 좋다고 느끼는 것이 매우 중요하며, 만약 생각보다 나쁘다고 느 끼게 되면 그것으로 끝이기 때문이다.

그에 의하면 기업의 명성은 기업의 무형 자산 중 가장 큰 비중 을 차지하고, 돈으로 환산해 보니 '연간 매출의 절반 수준'으로 나 타났다. 문제는 이 수치가 재무상태표(대차대조표)나 손익계산서에 도 오르지 않고, 이 자산을 관리하는 부서나 예산도 책정돼 있지 않다는 것이다. 물론 이것은 기업의 종류와 환경에 따라 다소 차이를 보일 수 있다. 그리고 기업의 명성은 기업의 핵심 가치(core value)에서 나오는데, 이를 위해서는 기업 내부에서 추종하는 가치와 외부에 광고하는 가치가 일치해야 하고, 모든 이해관계자에게 일관성 있는 행동으로 보여줘야 한다.

결론적으로 종업원들이 회사를 긍정적으로 바라본다는 것은 회사를 좋은 직장이라고 여기면서 일하는 것을 뜻하는데, 이런 태도를 가지기 위해서는 급여나 근무 여건뿐만 아니라 종업원들의 감정관리를 중시해야 한다. 그러자면 경영자와 관리자는 종업원이 언제, 어떻게, 무엇 때문에 긍정적인 태도를 가지게 되고, 무엇 때문에 부정적인 태도를 갖게 되는지를 파악해서 보다 전향적이고 효과적인 조치를 취해야 한다.

그런데 종업원들이 회사를 긍정적으로 보거나 자랑스럽게 생각하도록 만드는 데는 기업주 또는 CEO의 가치관이나 경영철학에 의해 형성되는 기업문화가 바탕이 되는 것이다. 이 바탕이 건실하고 종업원들에게 공감되어야, 급여 인상이나 복리후생의 투자와 감정관리의 노력이 효과를 볼 수 있는 것이다.

5. 품질경영에서 품격경영으로

세계적으로 유명한 '빨리빨리 문화'는 하인 문화에 속하는 것으로, 따라하기 또는 베끼기 문화에서 비롯되었다고 할 수 있다. 앞서가는 주인은 서두를 필요가 없지만 뒤쫓아가는 하인은 허둥댈 수밖에 없고, 겉모양만 보고 따라가며 흉내내기에 급급하다. 이제까지 우리는 본질에 대한 성찰을 제대로 하지 않은 채 일본과 서양을 모방하기에 바빴다. 그러다 보니 삶의 질보다는 형식에 치우치게 되고, 남의 눈을 지나치게 의식하는 허례허식과 과시문화가 범람하고 있는 것이다.

2013년의 '라면 상무'와 2014년 말의 '땅콩 회항' 사건은 물질을 우선시하는 천민자본주의가 만들어낸 우리사회의 한 단면에 불과하다. 그 좌석에 어울리는 품격을 갖추지 못한 사람이 비즈니스석과 일등석에 앉아서 생긴 일인데, 일등과 일류를 구분할 줄 모르는 자들이 시녀(?)들의 서비스를 받자 갑질 버릇이 튀어나온 것이다. 이는 자기과시를 하고 싶은 졸부 근성으로 만만한 국적기나 자기 회사 비행기에서 일상적으로 일어나는 사건 가운데 심한 경우일 뿐이다.

지혜로운 자는 역사에서 배우고, 보통 사람은 경험을 통해 배운다. 그러나 우매한 자는 자신의 경험에서도 제대로 배우지 못하는데, 문제는 이렇게 우매한 자들의 무례가 통해온 우리 사회다.

서비스에도 품격이 있어야지만 서비스를 받는 데도 품격이 있어야 한다. 이런 부끄러운 사건은 성공에만 매진하면서 성공적인 삶에 필요한 견문과 교양을 체득하지 못했다는 반증이다. 그래서 많은 사람의 경우 어렵게 성공하고서도 이미 몸에 붙은 천박한 졸부 근성을 다스리지 못해 자신의 품격을 훼손하고 마는 것이다.

품격은 곧 삶의 질에서 나온다. 오늘날 우리 사회에서 가장 부족한 것이 품위 또는 품격이다. 성공적인 삶이란 상대방을 존중하고 자신도 존중 받아 사람답게 사는 것이다. 이것을 가능하게 하는 수단이 소통이고, 소통을 하는 자세와 행동이 매너라 할 수 있다. 따라서 인간 존엄성에 대한 깊은 성찰이나 인류 보편적 가치를 공유하지 않고는 제대로 된 글로벌 비즈니스 매너가 나올 수 없다.

지금 한국은 도약과 추락의 갈림길에 있다. 무역 1조 달러에 세계 제13위 경제 대국의 위업까지 달성했으나 국민평균소득은 몇 십 년째 2만 달러 언저리에서 머물고 있는 것은, 우리의 상품과 문화에 부가가치를 높이지 못했기 때문이다. 달리 말하면 언제나 바쁘게 일만 할 줄 알지 다른 세상과 소통하는 지혜와 품격이 부족한 것이다.

'땅콩 회항' 사건은 대기업들이 아직 '품질경영' 수준도 못 벗어났음을 보여준다. 자기 회사 직원부터 정성으로 대해야 그 정성이 고객에게 전해질 것이다. 기업주와 친인척들의 지나친 군림 속에 주인의식을 가질 수 없어, 심정적으로 유리된 종업원들로부터 제대로 된 정성을 기대할 수 있겠는가? 그들의 군림으로 경직된 계급문화가 지배하는 기업에서, 설령 완벽한 매뉴얼이 만들어져 교육될지라도 실제 서비스에서 자연스런 정성이 우러나오기는 어려울 것이고, 자발적이고 자연스런 정성이 깃들지 않은 서비스는 상대를 감동시킬 수 없는 법이다.

아래는 신성대 저 『품격 경영』에서 발췌한 것이다.

우리는 매너와 에티켓을 잘 구별하지 못하는데, 막연히 예절에 포함되는 것쯤으로 알고 있다. 에티켓이 사회생활에서 일어날 수 있는 마찰이나 불편을 방지하기 위해 지켜야 할 최소한의 예절이라면, 매너는 상대와의 관계에서 자신의 감정과 의도를 표현하는 비교적 주체적인 소통 행위라 할 수 있다. 매너는 인격이나 품격의 표현이므로 규칙이나 규정으로 죄다 한정할 수 없으나, 그 사회에서 수용되는 교섭문화를 벗어나면 곤란하다.

에티켓을 지식에 비유한다면 매너는 지혜와 같은 것이다. 지식 없는 지혜에도 한계가 있을 수 있지만, 지혜롭지 못한 지식이 얼마나 많은 문제를 만드는가는 우리 사회를 보면 잘 알 수 있다.

품격 없이는 명품도 없고 명가도 없다. 돈으로 일등은 할 수 있어도 일류는 못 된다. 졸부와 신사의 차이다. 일류는 하는 것이 아니라 되는 것이다. 글로벌 무대에서 주인 노릇을 하려면 주인 마인

드로 비즈니스 매너를 익혀야 한다. 이들 사건을 반면교사로 삼아 기업주와 경영자들의 환골탈태하는 체질개혁이 선행되지 않으면 안 된다. 빨리빨리 문화의 경쟁력은 여기까지다. 이제부터는 품질이 아니라 품격을 팔아야 한다.

6. 일류의식은 기업 발전의 원동력

누구나 자기가 근무하는 회사가 국내에서 일류이고 국제적으로도 당당하게 인정 받기를 바란다. 그리고 글로벌 시장에서 성공하려면 우선, 갈수록 경쟁이 심해지는 국내시장에서 살아 남아야 한다. 그러기 위해서는 규모 면이 아니라 질적인 면에서 일류 기업이 되어야 한다. 이런 목표가 없으면 기업의 근본적인 발전을 기대할 수 없으므로, 반드시 추진 일정(road map)을 세워서 노력해야 한다.

일류의식이란 외형적인 순위를 일컫는 일등의식과는 다른 것으로, 우선 조직 내부에서 합리·능률·조화를 추구해서 모두가 만족하고 자랑스러운 직장을 만들자는 마음가짐이라 할 수 있다. 사업 종류에 따라 다소 다를 수 있으나, 상위권의 대기업에서도 말로는 떠들지만 업무 수행 과정에서는 이대로가 좋다고 생각하거나, 일류 기업이 되기 위해 애쓰는 노력에 대해 도리어 거부감을 갖는 간부가 적지 않은 것이 현실이다. 이와 같은 현상은 정치나 행정 분야에서도 쉽게 볼 수 있는데, 개혁에 대한 국민의 열망이 번번이 기득권 세력에 의해 좌절되는 것과 같다.

대부분의 기업이 회사를 가정처럼 사랑하자는, 소위 애사심과 주인의식을 강조하며 그 업계에서 일등을 목표로 하지만, 질적인 면에서의 선진화를 지향하는 일류의식을 경영이념으로 하는 곳은 많지 않다.

일류의식은 자신의 값어치와 자신에 대한 사랑을 바탕으로 하는 보다 높고 근본적인 가치관으로 애사심이나 주인의식보다 더 효과적이다. 왜냐하면 일류의식은 모든 경영자와 종업원으로 하여금 각자의 능력과 자격도 당연히 일류가 되어야 한다는, 자율적인 노력을 전제조건으로 깔고 있어 보다 주체적인 목표의식이기 때문이다.

어느 대기업의 한 간부는 기업이 경쟁에서 살아남고 나아가서 성장 발전하기 위해서는 질적인 면에서 일류 기업이 되는 길밖에 없다고 결론짓고, 맡은 업무를 이 목표에 맞추어 추진했다. 그리고 다른 경영자들도 자기와 같은 생각일 거라며, 무슨 일이나 일류지향주의에 입각해서 설득하고 밀어붙이곤 했으나, 그의 호소에 노골적으로 반대하는 이는 없었다.

그러나 추진하던 일은 제대로 흘러가지 않고 흐지부지되곤 했는데, 그 이유를 뒤늦게야 알았다. 기업주이자 CEO인 최고경영자를 비롯해서 그의 상사나 동료 간부 대다수는 비록 일류 기업이 되자는 목표에 반대하지는 않았으나, 스스로 일류의식을 가져본 일이 별로 없는 사람들이기 때문에 그처럼 당연한 주장도 가슴에 와 닿지 않았던 것이다.

어찌 그것이 비단, 인사 문제에만 영향을 미쳤겠는가? 개인에 따라 일류의식이 없을 수도 있으나, 간부가 되어 기업의 발전을 위한 일이라면 내키지 않더라도 우선 협력하고 볼 일이 아닌가. 최고경영자가 이를 구별 못하면 어리석은 자요, 이들에 휩쓸린다면 그 기업의 발전은 기대할 수 없다.

한편 국가의 경우에도 선진국이란 무역액이나 국민소득의 순위를 떠나 국민의 삶과 정치의 질에 있어서 일류인 것을 의미한다. 따라서 선진국이 되겠다는 의욕과 목표가 없을 때 그 나라의 정치와 사회가 어찌 건전하다고 할 수 있으며, 진정한 발전을 기대할 수 있겠는가.

마찬가지로 기업발전의 원동력은 최고경영자와 종업원들의 일류의식의 발현發現이라 할 수 있다. 그러므로 일류의식이 결여된 경영은 발전하는 기업의 경영이라 할 수 없다.

7. 감독은 화면에 안 보여야

영화나 TV드라마를 보면 감독과 제작진의 소개는 활자로 대신하고 결코 화면에 등장하지 않는다. 영화나 드라마의 성공과 실패는 배우들의 명성이나 능력에 의해 크게 좌우되지만 감독이나 제작진, 특히 감독의 영향력은 절대적이다. 감독은 작품을 해석해서 배우들의 선택과 배역을 하므로 영화나 드라마의 작품성과 흥행에 대한 총책임자라 할 수 있다.

제작자나 감독이 화면에 안 나타나는 것은 오랜 예술사를 통해서 다듬어진 결과로, 배우들의 보다 높은 참여 의욕과 연기를 보장하는, 어떤 면에서 매우 공평한 전통이라 하겠다. 권력을 쥔 감독이 배우의 영역을 침범하거나 배우의 인기까지 누리게 되면, 권력 없는 배우들은 설 곳이 없고 작품 역시 제대로 성공하기 어려울 것이다.

이런 이치는 비단 연예계뿐만 아니라 정치·사회·기업 등에서도 그대로 적용될 수 있다. 기업의 경영자나 간부는 상대적이긴 하나 감독과 같은 입장인 경우가 대부분이다. 업무상의 명분을 세우고, 추진 방향을 잡고, 이를 실행할 조직의 인사를 집행한다. 실제 업무는 이렇게 해서 구성된 여러 계층의 많은 담당자들이 하는 것이다.

　물론 비상사태나 특수한 업무에서는 경영자가 직접 나서서 일선 업무를 처리해야 할 경우도 있다. 이를테면 기업의 초창기에는 감독과 배우를 겸하는 사람이 등장하는 것은 어느 면에서 불가피할 수 있으나, 창업 후에도 계속해서 이런 식의 경영이 이어진다면 많은 문제를 야기할 것이다. 수많은 기업이 어려운 창업기를 넘기고도 질적인 면에서 큰 발전을 못하는 것은, 이런 경영을 탈피하지 못한 데서 그 원인을 찾을 수도 있다.

　그러나 이와 같이 순리에 역행하는 경영자나 간부가 곳곳에 많다. 자신이 조명을 받지 않으면 서운하고, 한동안 최고 권력자의 관심을 받지 않으면 기분이 상해서, 그나마 취약한 자신의 페이스를 잃어버리는 위인들이다. 이들은 자격에 비해 이미 지나치게 승진해서 자신의 역량에 버거운 직책을 맡고 있는 자들이라 할 수 있다. 이런 간부 밑에서는 효율적으로 일하기 어려우며, 간부의 눈치와 비위에 더 신경 쓰지 않을 수 없다.

　다수의 조직원들이 질서와 조화 속에서 보다 많은 일을 더 잘하게 하는 것이 간부의 역할이다. 최상의 효율은 전원이 소외감 없이 스스로 참여해서 능력과 창의력을 최대한 발휘하는 분위기에서 나올 수 있다. 그런데도 문제가 있는 간부의 눈에는 표면적이고 직접적인 군림과 조명은 보여도, 훨씬 값진 반대급부인 부하들의 존경과 일의 성공에 따르는 명예는 잘 보이지 않는 것이다.

그런데 이런 적극적(?)인 독재형의 간부는 대개 약자에게는 강하고 강자에게는 약하여, 윗사람이나 감독기관에는 간부로서의 체통조차 버리고 비굴한 저자세를 보인다. 그러나 그의 처신에는 진실성이 결여되기 때문에 상대방의 공감을 얻기 어렵다.

반대로 공을 탐하지 않고 인기의 조명을 일부러 피해가면서, 부하들의 뒤에 있는 간부 중에는 강자에 강한 사람이 오히려 많다. 대외적으로 어려운 문제를 해결하려 노력하고, 저항이 있어도 소신을 굽히지 않고, 부하들에게 모범을 보이며, 그들을 돕고 보호하려고 노력한다.

'약골이 소 죽인다'는 속담처럼 대체로 무능한 간부는 부하를 보호할 줄은 모르면서 부려먹으려고만 한다. 이런 간부는 "잘 싸우는 자는 성내지 않으며, 사람을 잘 쓸 줄 아는 자는 그들 앞에 몸을 낮춘다(善戰者不怒 善用人者爲之下)"는 노자의 말을 곱씹어 볼 필요가 있다.

그동안 국제화가 많이 되어서 서양식 예절에 어느 정도 익숙해졌다고는 하지만, 아직도 수많은 연회에서는 보기에 민망한 일이 흔하다. 사적인 경우 외에는 쓰지 말아야 할 'OO님께서'라는 이중 극존칭을 공식적으로 그것도 주최자(host)에게 붙이며, 모든 찬사와 조명을 집중한다.

이와 같이 본의 아니게 손님을 들러리로 하는 교양 없는 진행 때문에, 값비싼 파티를 열고서도 양식 있는 손님들을 미편하게 한

다. 이런 무례는 손님을 극진히 대접한 과거 우리의 전통적인 잔치
에서도 보기 드문 일이다.

특수한 경우를 제외하고는, 기업 내의 파티도 초청된 손님과
조직원들을 위한 것이므로, 주최자, 특히 진행자는 참석자 전체의
만족을 위해 노력해야 한다. 그렇게 해서 모두가 즐거워하면 그 파
티의 목적은 훌륭히 달성된 것이며, 그날의 호스트인 경영자 또는
간부의 역할 역시 높이 평가될 것이다. 이 얼마나 유쾌하고 보람
있는 일인가?

'실패한 파티는 있어도 결코 비싼 파티란 없다'라고 말할 수 있
을 정도로 파티가 참석자들에게 주는 영향은 매우 크다. 파티란 평
소 업무상 의식할 수밖에 없는 거리감이나 직책과 직위에 따른 위
화감을 희석시키고 정서적으로 소통해서, 조직 구성원들의 화합과
일체감을 비교적 쉽게 공유할 수 있는 수단이다. 그러므로 경비절
약을 구실로 응당 있어야 할 좋은 파티를 열지 않는 것도 어리석은
경영의 하나다.

파티 역시 하나의 큰 일이고 프로젝트라 할 수 있는데, 주최자
와 진행자가 파티에 대한 이해가 부족하고 사고방식에 문제가 있
어서, 참석자들이 자발적으로 참여하는 분위기가 되지 못하는 수
가 많다. 그 결과 많은 경비와 노력을 들인 파티를 열고도 최소한
의 단합과 감동도 남기지 못하는 경영자나 간부가 의외로 많다. 그
러면 그들이, 일상 업무에서는 합리적이고 효율적인 리더십을 발
휘하리라고 기대할 수 있겠는가?

8. 불평은 의욕의 불완전 연소

불평은 주인의식의 결핍에서 나온다고 하는 사람도 있으나, 생각하는 관점에 따라서는 불평이야말로 건설적인 의욕과 주인의식의 좌절에 기인할 수도 있으므로, 무조건 금지하거나 질시의 대상으로 여기는 것은 바람직한 경영 자세가 아니다. 이와 같은 견해에서는 어느 경영학자의 말처럼 고객 가운데 불만이 가득한 사람이 도리어 그 기업의 위대한 선생이라는 역설도 가능한 것이다.

불평이 습관적이거나 부정적인 시각에서 나온 것이 아니라면, 경영자는 우선 그 원인을 알아보려는 아량을 가져야 한다. 잘 되어 가는 조직에서는 불평이 거의 없을 수도 있으나, 정상적인 수준에 다다르지 못한 이를테면 내부 개혁 단계나 발전 단계에 있는 기업의 경우 보수와 개혁 사이에서 불평이 다소 있는 게 바람직하다.

희망과 역동성을 상실한 무기력한 조직에서는 구체적인 불평조차 들을 수 없으므로, 관점을 전환해서 보면 불평이 전혀 없는 현상이 오히려 이상한 것이다.

한국에서 흔한 사례로는 기업주의 불합리한 의식에 기인한 문제이거나, 또는 반체제 정치세력의 사주를 받는 강성 노조의 문제인데도, 원인과는 동떨어진 대책을 추진하면서 언제나 간부들에게 압박만 가하는 좀 모자라는 월급쟁이 사장이 있는가 하면, 조직과 제도의 문제가 아닌데도 기구와 조직을 자주 변경해서 신뢰 대신 냉소를 야기하는 설익은 CEO도 있다.

그러다 보니 효과도 없는 캠페인이나 단합대회를 열거나 외부의 컨설턴트나 강사처럼 일반적이고 원칙적인 말만 되풀이하면서, 문제의 근본적인 원인과 해결책은 거론조차 되지 않는 상황에서도 별 불평이 없다면 이 회사야말로 비정상이 아니겠는가?

일반적으로 몸 담고 있는 조직에 대한 애착과 일에 대한 열성이 있는 사람들 가운데서 불평이 오히려 많이 나올 수 있다. 이들 가운데 보통 이상의 능력을 가진 인재가 흔히 있는데 이는 '명마名馬일수록 다루기 어렵다'는 말과 통한다.

개성이 두드러지고 기백이 넘치는 인재는 유능한 지휘관만이 다스릴 수 있으며, 일단 길들거나 여건이 마련되면 보통 사람 몇 배의 능력을 발휘한다. '바늘은 상처를 주기도 하지만 상처를 추스르는 도구가 되기도 한다'는 말처럼, 기발한 사람은 쓰기에 따라 그 진가를 발휘하게 되는 것이다.

"평범한 사람은 언제나 최상의 기분에서 산다(Only a mediocre man is always at his best)"는 서머셋 모옴(W.S. Maugham)의 말과 같이,

평범한 사람은 사적인 일에서나 업무상으로 뚜렷한 목표나 의욕이 없기 때문에 평소 별다른 좌절이나 갈등조차 없을 수 있다.

한편 평사원이나 하급 간부 가운데 불평을 서슴없이 하는 자가 있는데, 상사의 기분을 상하게 하면서도 자신의 불평이나 의견을 노출시키므로, 우선 이기적인 인간은 아닐 가능성이 크다. 이들 중에서 뒷날 훌륭한 간부나 경영자가 나올 수도 있는 것이다. 더욱이 '가치 있는 적은 화해하면 가치 있는 친구가 될 수 있다'는 말도 있는데, 이들은 처음부터 적이 아닌 그 회사의 가족이 아닌가?

어느 의미에서 불평은 의욕의 불완전한 연소에서 생기는 연기라 할 수 있다. 그러므로 불평이 전혀 없는 것은 의욕의 불씨조차 꺼져버린 것에 비유할 수 있는데, 이것은 결코 개방적이고 진취적인 조직의 분위기라 할 수 없다. 하여 경우에 따라서는 수많은 '하지 마라'는 운영지침보다 차라리, '불평하라'는 동기부여(motivation)가 오히려 효과적일 수 있다.

이윤이 아닌 개선을 목표로 하라, 이윤은 개선의 열매다

| 제6부 |

시스템 경영의 위력

1. 시스템 경영과 시너지

훌륭한 기업문화를 확립한다고 해서 효율성과 생산성이 반드시 만족할 정도로 향상되리라고 기대할 수는 없다. 왜냐하면 이것은 회사의 핵심적 가치와 비전을 위해 종업원들이 지향하고 공유하는 정신적인 원칙이고 문화이지, 생산이나 관리의 효율성이 높아지도록 하는 제도나 장치 그 자체는 아니기 때문이다.

한때 의식개혁이라는 말이 유행했는데 그 구호를 요약하면, 각자가 정직·성실·협력하면서 열심히 일하면 회사는 저절로 잘 된다는 것이다. 즉 각자의 위치에서 최선을 다하면 모든 것이 좋아진다는 말이다. 그 이후 이면우 교수가 제의한, '한국인의 전통적인 기질인 신바람 즉 흥을 불러일으키자는 W이론'도 제법 센세이션을 일으켰다. 그러나 전자나 후자나 그럴듯해 보이지만 실제 기업에서 효과를 봤다는 얘기를 별로 듣지 못했다.

왜 그럴까? 이것들은 현재의 시스템을 그대로 둔 채, '각자가 스스로 열심히 잘하도록 하자'는 정신적인 운동이기 때문에, 이들을 절실히 필요로 하는 경영상태의 기업에서는 큰 효과를 볼 수 있으나 그렇지 않는 경우에는 그 효과에 한계가 있을 수밖에 없다. 이를테면 품질과 생산성 같은 것을 정신력 강화나 의식개혁으로 향상시키는 데는 한계가 있으므로, 정신적으로 접근하지 말고 시스템적 접근(systematic approach)으로 전환해야 한다. 의식 자체는 시스템 에너지 즉 시너지(synergy)라는 큰 힘을 낼 수 없고, 시스템이라는 장치를 거쳐야 낼 수 있는 것이다.

시스템 경영에서 시스템이란, 품질과 능률 면에서 잘되지 않을 수 없도록 하는 제도적인 장치로서 경영과 관리상의 도구이다. 목수에게 연장이 필요하듯이 경영자도 경영상의 도구가 필요한 것이다. 목수에게 작업의 품질과 효율은 연장이 크게 작용하듯이, 경영과 관리의 성과는 주로 시스템에 의해 좌우된다. 그러므로 보다 나은 경영을 위해 경영자는 끊임없이 더 효율적인 시스템을 개발해서 적용하려고 노력해야 한다. 이처럼 시스템 위주로 경영과 관리를 하는 것을 시스템 경영이라 한다. 이를테면 문제가 발생했을 때 왜 그런 문제가 발생할 수밖에 없었는지를 조사하고 분석해서 그런 문제가 재발하지 않도록 시스템적인 대책을 만들어야 한다. 선진국에선 어제의 문제가 오늘의 교훈과 해답이 될 수 있는데, 후진국에선 문제가 발생하면 해당자의 처벌부터 생각하기 때문에 문제를 숨기려 한다. 따라서 문제를 통한 개선과 발전이 있을 수 없는 것이다.

그런데 시스템을 만들려면 학문적인 이론이 필요하다. 품질관리 이론의 아버지라는 데밍 박사는 "이론 없는 경험은 아무리 많이 쌓아도 사회를 발전시키지 못한다"고 했다. 그리고 Sony의 신화를 창조한 모리타 아키오 회장은 "경험이 많다는 것은 고정관념의 벽이 높다는 것을 의미한다. 소니는 경험으로 일하지 않고 창의적으로 일한다."고 했다. 그러므로 경영에서는 경험과 관념이 아닌 과학적인 차원인 시스템을 활용해야 하는 것이다.

시스템 경영의 가장 간단하고 대표적인 사례로는 부실한 시공을 예방하기 위해 작업자의 이름을 공개하고 기록으로 남기는 '실명제'와, 1990년 일본에서 도입한 은행 객장의 순번대기번호표 제도 등을 들 수 있다.

순번대기번호표 제도라는 시스템이 시행되기 전에는 은행의 창구마다 고객들이 몰려들어, 서로 먼저 일을 보겠다고 밀치고 싸우고 아우성이었다. 그래서 많은 사람들이 줄 하나 제대로 못 서는 우리의 낙후된 공중도덕과 남을 배려할 줄 모르는 국민성을 한탄하기도 했다. 그러나 순번을 알리는 번호표가 나오는 조그만 상자 하나를 배치한 후에는 이 모든 무질서와 비효율이 저절로 사라졌다. 이것이 바로 시스템의 힘이요, 시스템 경영의 효율이다.

다음은 Toyota 자동차 공장에서 시행해서 엄청난 생산성 향상뿐만 아니라 기업문화에 일대 혁신을 가져온 시스템 경영의 한 사례로서, 시스템 경영을 도입하고 이를 산업계뿐만 아니라 국방부와 행정부 등에 전파해온 시스템공학 박사 지만원 저 『발상전환을 위한 Activator 시스템 경영』에서 발췌한 것이다.

　도요타 자동차에는 12대의 기계가 하나의 공정을 이루고 있었다. 12대의 기계에 12명의 근로자가 배치되어 일감을 기계에 걸어놓는다. 기계가 일하니 근로자는 할 일이 없어, 서 있는 시간이 더 많았다. 이를 지켜본 사장이 똑같은 기계를 하나씩 더 사주었다. 어떤 근로자는 3대의 기계를 사주니까 쉬지 않고 일했다. 근로자 개인별 생산성이 2배 이상 올랐다. 2배 이상의 생산성이란 우리의 신바람운동으로는 도저히 꿈꿀 수 없는 수치다. 신바람운동의 경우에는 10%의 생산성 향상에도 매우 만족했었다.

　12명이 일하는 모습을 바라보는 사장의 마음은 기뻤다. 그만큼 이윤이 상승될 것으로 생각했기 때문이다. 그러나 손익 계산서에는 이윤이 점점 더 내려갔다. 사장은 이 기막힌 사실을 이해할 수 없었다. 부사장인 오노 다이이찌 씨가 이 사실에 골몰하다가 드디어 각 근로자 앞에 소화되지 못한 재고품들이 쌓여 있는 사실에 생각이 미쳤다. 재고가 많이 쌓일수록 그만큼 자금도 사장됐다. 한 달 후에 구입해도 될 소재를 미리 구매한 탓이다. 어지럽게 쌓인 재고는 또 다른 일손에 의해 정리돼야 했다.

　오노 부사장은 재고를 없애기 위해 하나의 작업 원칙을 만들었는데, "전 공정은 후 공정에서 소화한 것만큼만 만들고 시간이 남아도 그대로 서 있으라"는 것이었다. 이렇게 해서 자금 비용과 정리정돈 비용을 절약하니 이윤이 크게 올랐다. 그러나 작업자들의 시간이 남아돈다는 문제는 그대로 남아 있었으므로 발상의 전환을 했다. 사장은 시간이 남았을 때 똑같은 기계를 더 사주었다. 한 사람이 한 가지 기계만 다뤄야 숙달이 되고 생산성이 올라간다는 고정 관념 때문이었다.

　그러나 부사장은 왜 한 사람이 여러 가지 기계를 다룰 수 없느냐는 의문이 생겼다. 이는 간단한 발상이었지만, 세계의 생산 역사에 획을 긋는 엄청난 결과를 가져왔다. 그는 A형 기계를 다루는 근로자에게 B형 기계도 다루도록 했다. B형 기계를 배우면서 기계의 오묘한 원리를 터득하느라 시간 가는 줄 몰랐다. 몰두하는 모습이 가장 아름다우며, 몰두의 시간이야말로 가장 행복한 시간으로, 이는 금전적 보상으로 안겨줄 수 있는 게 아니다.

정복한 기계수가 증가할 때마다 각자의 자부심과 직업에 대한 안정감도 향상됐다. 그들은 자신이 직장에 꼭 필요한 사람이라고 생각했다. 여러 가지 기술을 습득할수록 자유와 해방감을 느꼈다. 회사를 나가더라도 얼마든지 먹고 살 수 있다는 자신감이 생긴 것이다. 드디어 12사람이 다루던 12대의 기계를 한 사람이 다루게 됐다.

한 사람으로 하여금 여러 대의 기계를 다루게 하는 데는 작업 반경이 문제가 됐다. 작업 반경을 줄이기 위해 그는 기계의 설치를 일렬로 하지 않고 U자형의 연속으로 배열했다. 몸만 돌리면 여러 대의 기계를 접할 수 있게 했다. 인건비가 12분의 1로 절약된 것이다. 간단한 발상의 전환이 오늘날 세계적으로 유명한 도요타의 적시생산(JIT, Just In Time) 시스템을 탄생시킨 것이다. 이처럼 재고 없이 맞물려 돌아가게 하는 것을 커플링 시스템(coupling system)이라 한다.

2. 토의 문화의 정착

직위에 상관없이 수시로 모여서 토의를 하는 문화가 정착되어 있지 않다면, 그 기업은 경영적인 측면에서 정상 궤도에 올랐다고 할 수 없다. 달리 말하면 아직도 개선하고 발전시켜야 할 여지가 많이 남아 있는 저개발 수준의 기업을 뜻한다.

우리 사회의 어디서나 익숙한 '판에 박힌 회의', '일방적으로 발표하고 일방적으로 지시하는 회의'와 달리, '각자에게 잠재해 있는 창의력을 자극해서 아이디어를 창출하거나, 문제를 발굴하거나, 문제에 대한 해결책을 찾아내는 토의'는 조직의 생산성과 활력에 기여하는 바가 실로 클 수밖에 없다.

경영의 에너지와 좋은 결과는 조직원들의 지혜와 아이디어를 시스템적으로 동원하는 데서 나오는 것이다. "아이디어의 질은 수많은 참여에서 나오지 계급장에서 나오지 않는다"는 GE의 잭 웰치 회장의 말이다. 그는 상하계급의 벽을 허물고 이웃 부서 간의 벽을 허무는 '벽 없는 경영(boundaryless management)'을 함으로써, 정보가 자유롭게 흐르게 하고 벽이 없는 토의를 통해 아이디어를 도

출하게 했다. 그리고 그는 시간 경쟁에서 이기기 위해 문제를 연구
과제로 돌리지 않고, 각 조직의 간부와 실무자들을 모아 토의해서
즉시 시행할 수 있는 아이디어를 내놓게 했는데, 그는 이것을 '워
크아웃(Work-out, 미루지 말고 바로 해버리자)'이라고 불렀다.

일본의 우수한 기업들에는 우열을 가리지 못할 정도로 분임토
의문화가 잘 정착되어 있지만, 가장 유명한 것은 Toyota 자동차의
경우다. 한때 종업원이 5만 명인데, 이들로부터 연간 125만 건의
제안이 나왔다고 한다. 이와 같은 엄청난 수량의 아이디어는 주로
품질관리분임조(QCC, Quality Control Circle)의 토의문화 때문이라 한
다. 그러면 우리나라의 경우, 전체 종업원 평균 1개 이상의 제안이
나오는 기업은 과연 몇 개나 될까?

비단 기업뿐만 아니라, 활기 없이 침체에 빠져 있는 어느 조직
이든 토의라는 경영과 관리 도구를 도입해서 활성화시킬 필요가
있다. 토의는 언제나 자신들의 현실적이고 구체적인 문제를 대상
으로 해서, 구성원들을 활성화시키고 그들의 지혜와 아이디어를
이끌어내는 장치라야 한다. 이를 위해서는 토의방법에 대한 교육
이 필요하겠지만, 토의를 진행하는 재치 있는 진행기술도 필요하
다. 다음의 사례는 『발상전환을 위한 Activator 시스템 경영』의 〈토
의가 내는 지휘력〉에서 인용한 것이다.

필자가 포병 소위 시절 월남전에 참전했을 때 매우 귀중한 사례를 관찰한 적이 있다. 같은 중대에 소속된 한 보병 소대장은 매복이나 작전을 나갈 때 병사들을 인접한 모래밭으로 이끌고 갔다. 매복할 지점에 대한 지형을 모래와 풀 등으로 만들어 놓고 매복을 나가면 무슨 일이 발생할 것인가, 그리고 그런 상황이 발생하면 소대는 어떻게 했으면 좋겠는가? 이런 것들을 토의했다. 평소에 똑똑하다고 이름 난 육사 출신 소위들은 작전에서 많은 피해를 보았지만, 이 이름 없고 학벌 없는 소위는 병사들을 희생시키지 않으면서도 최고의 성과를 냈다.

토의를 통해 병사들은 익숙해진 지형에서 자기의 생명을 보호하는 방법에 대해 많은 상상을 하게 되었고, 그래서 캄캄한 밤중에 상황이 벌어져도 각 병사는 침착하게 자기가 맡은 일을 해낼 수 있었다. 어떤 소위들은 캄캄한 밤의 공포를 이기지 못해 발작 증세를 보여, 소대원들이 '모두의 생명'을 보호하기 위해 사살하려고까지 했다. 이는 전쟁터에서의 어둠과 적막이 얼마나 사람의 피를 말리는 공포의 공간인지 잘 설명해 주고 있다.

필자가 여기에서 이런 사례를 드는 이유는 생명이 달린 전쟁터에서 가장 중요한 것은 사전 훈련과 사전 시뮬레이션(simulation, 모의 실험)이라는 것을 강조하기 위해서이며, 막연한 훈련과 시뮬레이션이 아니라 목적에 직결되는 구체적인 것들이어야 한다는 것이다.

훌륭한 훈련, 훌륭한 시뮬레이션을 갖기 위해서는 토의를 통해 지혜와 아이디어를 이끌어내야 한다. 여러 사람들의 힘을 '시너지를 내는 방향'으로 합치면 승수효과 즉 곱하기 효과를 낼 수 있지만, 시너지를 내지 못하는 방향으로 합치면 한 사람의 힘보다 더 작은 힘밖에 내지 못한다. 〈인용 끝〉

우리 역사에도 토의문화를 정착시킨 훌륭한 지도자가 없지 않다. 그중 대표적 인물은 세종대왕으로 언어와 문자, 천문역법, 농사, 국방과학, 아악 등 모든 분야에서 신분의 귀천을 가리지 않고 창의적인 인재를 발탁하고, 그들과 토의함으로써 뛰어난 발명품이 쏟아져 나올 수 있었다.

그리고 그는 나이든 고위관료들이 주도하던 경연에 집현전의 젊은 학자들을 참여시켜서 문제에 대한 신구 상하 계층 간의 견해 차를 파악하는 것과, 열띤 토론을 통해 합리적인 결론을 도출하는 과정 자체를 즐겼다. 뿐만 아니라 왕으로서 백성들의 소리를 직접 듣기를 좋아하고 언제나 그들을 도우려고 노력했다.

이것이 가능할 수 있었던 것은, 자신이 전통과 경험에 갇힌 소위 '갇힌 사고(box thinking)'에서 벗어나 창의적이었기 때문이다. 항상 문제를 찾아 다니고 신하들의 반대 의견에 관대했는데, 이와 관련된 일화가 있다.

고약해高若海라는 신하는 성격이 지나쳐 세종을 향해 눈을 부라리거나 횡하니 나가버리기도 했으나 대사헌까지 승진할 수 있었다. '고약하다' 또는 '고약한 놈'이라는 말은, 세종도 가끔 속이 상할 때 "고약해 같은 놈"이라고 한 데서 유래했다는 설이 있다.

이와 같이 세종 특유의 열린 사고에 의해서 '토의 문화'가 정착된 결과, 수많은 창의적인 인재가 나올 수 있었고 한글을 비롯한 역사상 뛰어난 업적이 이루어졌던 것이다. 그 가운데 화포 기술의 발전은 특히 임진왜란에서 나라를 구하는 데 크게 이바지하였다.

3. 토의에도 기술이 있다

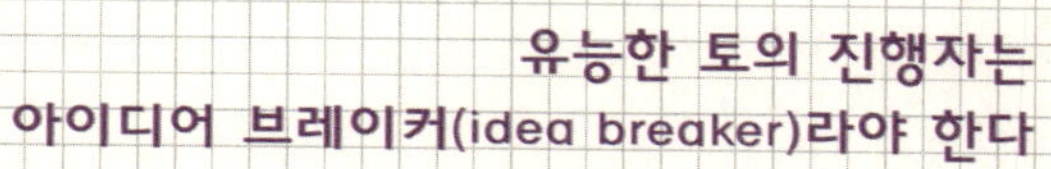

어느 조직에서나 크고 작은 회의가 열리지만 회의다운 회의가 드문 게 우리의 현실이다. 비효율적이고 결론 없는 회의, 즉 비생산적인 회의가 많은 이유는 회의 진행자의 리더십 부족에 기인하는 경우가 대부분이다. 회의에는 참석자들의 의견을 취합하여 결론에 이르는 단순한 것도 있지만, 반드시 활발한 토의를 통해서 보다 나은 해결책을 도출해야 하는 회의도 있다.

중요한 것은 토의이다. 자유로운 분위기에서 활발한 토의가 가능하다면, 대개 회의는 생산적일 수 있다. 게다가 업무상의 크고 작은 문제를 놓고 구성원들이 수시로 모여 토의를 통해서 해결책이나 결론을 도출하는 수준이라면, 그 조직은 이미 자발적으로 참여하는 조직문화를 가진 진취적이고 효율적인 집단이라 할 수 있다. 그런데 문제는 경직된 조직이 아닌, 자유로운 토의와 협의가 가능한 조직에서도 생산적인 토의가 매우 드물다는 점이다. 왜 그럴까? 토의에도 리더십뿐만 아니라 토의를 활발하게 하는 기술이 있어야 한다.

아래는 『발상전환을 위한 Activator 시스템 경영』에서 발췌한 것이다.

토의의 충분조건은 두 가지로 구성된다. 하나는 토의 매너 및 센스이고 다른 하나는 리더의 '아이디어 브레이킹(idea breaking)'능력이다. 토의 리더는 조련사다. 지루하지 않게, 늘어놓지만 않고, 문제의 핵심을 향해 아이디어가 집중될 수 있도록 유도해야 한다.

토의 장소는 각자가 알고 있는 것을 발표하는 장이 아니라 문제를 해결하기 위해 절실한 아이디어를 창안해 내는 장이다. 참여자들을 편안하게 해주고, 핵심에서 동떨어진 말은 차단하되 무안하지 않게 덮어주고, 때로는 지나치기 쉬운 말에도 관심을 집중시키고, 발표된 말에 아이디어를 보태는 식으로 아이디어의 질을 높여나가야 한다.

'센스를 발휘하라'고 말들을 하지만 어떻게 하는 것이 센스를 발휘하는 것인지 잘 모른다. 이에 대한 해답을 줄 사람은 아마도 없을 것이다. 다만 상황에 따라 훌륭한 센스가 무엇인지를 보여줄 수 있을 뿐이다. 이는 책으로 깨우칠 수 있는 성격의 것이 아니라 토의의 천재(?)가 발휘하는 훌륭한 센스를 관찰하고 음미함으로써 깨우칠 수 있는 성격의 것이다.

막막할 때, 아이디어를 내면 침체됐던 토의가 살아난다. 팀 리더는 '아이디어 브레이커'여야 한다. 하지만 어떻게 하면 그런 능력을 가질 수 있는가? 이에 대한 매뉴얼은 없다. 이 역시 책으로 얻을 수 있는 게 아니라 '토의 선생'에게서 직접 관찰하며 얻을 수 있는 훈련이다. 아래는 토의진행에 관련된 실례로 위의 저서에서 인용한 것이다.

연구소에서 있었던 하나의 작은 일이다. 미국의 모 대학에서 교수를 하고 있던 한국인 교수를 연구소로 유치한 적이 있었다. 연구소의 계급은 호봉이었고 새로 유치하는 교수에게도 호봉을 주어야 했다. 너무 높게 주면 기존의 간부들이 불평할 것이고, 너무 낮게 주면 유치한 학자를 서운하게 할 판이었다. 회의 진행자인 부원장이 8명의 간부를 불러 회의를 했다. 인사과에서 그의 경력을 기계적으로 해석해서 7.2호봉이라는 계급을 산출해냈다. 진행자는 시계방향으로 돌아가면서 각 간부의 의견을 말해달라고 했다.

맨 처음에 대답한 사람이 7호봉을 제안했다. 그러자 다음 사람들도 돌아가면서 '동감'을 표했다. 필자가 맨 나중에 앉아 있다가 7호봉을 제안한 간부와 동의를 표시한 간부들에게 "왜 7호봉이 적당하다고 생각합니까" 하고 물었다. 모두가 대답을 못했다. 단지 사사오입을 했을 뿐이었다. 하지만 사사오입을 하자고 간부회의를 소집했다는 것도 우스운 일이었다. 회의의 형식은 나무랄 데 없는 민주주의 방식이었다. 그러나 그 회의의 질은 그게 아니었다.

그는 이렇게 말했다. "여기 모이신 간부들은 오직 7.2 라는 숫자가 쓰인 종이 한 장 받아 쥐고 있을 뿐입니다. 더 많은 정보를 가지고 토의를 해야 합니다. 그래야 논리가 전개되고, 그 논리에 의해 각자는 자기의 마음을 정할 수 있습니다. 마음을 정한 후에 각자의 의사결정 결과를 물어야 하지 않겠습니까?" 이에 대해 사회자는 이렇게 물었다. "그 말씀은 옳은데 그러면 어떻게 해야 더 많은 정보가 도출되고 논리가 전개될 것인지 말씀해 주시겠습니까?”

그는 유치한 학자를 회의장에 불러 차를 함께 마시자고 했다. 얼굴을 보고 이야기를 나누는 것은 엄청난 정보였다. 차를 마시면서 간단한 질문들을 한 후 그를 내보낸 후 필자가 양해를 얻어 칠판으로 나갔다. “자, 유치한 학자를 보셨지요. 이 학자와 견줄 만한 기존 연구원들의 이름을 열거해 보시기 바랍니다.”

모두가 자기 휘하에 있는 한두 명씩의 이름을 거명했다. 그 이름들을 칠판에 써놓고 한 사람씩 견주어 나갔다. 누가 더 높고 낮아야 하는지에 대한 이유들이 백출했다. 마지막에는 김 박사보다는 높고 이 박사보다는 낮아야 한다는 결론이 나왔다. 결국 그는 9호봉으로 결정되었다. 7호봉과 9호봉의 차이는 엄청난 것이었다. 회의진행 방법에 따라 참석자들의 창의력이 유도될 수 있다는 하나의 사례다.

한국의 조직들에서 토의문화가 정착되지 못한 것은 순전히 진행자의 탓이다. 그런데도 대부분의 간부들은 “우리도 해봤는데 안 되더군요. 일본과는 달리 한국 문화에는 맞지 않습니다.”라고 말한다. 이 사례가 보여주는 바와 같이 토의에도 기술이 있는 것이다.

4. 결과냐 과정이냐

기업의 경영이나 관리는 어느 시점에 시작되어 얼마 후 끝나는 것이 아니고, 기업의 역사와 더불어 계속 이어지므로, 방향과 추진 상태가 중요하다. 따라서 다소의 완급이나 결과의 정확도는 별 문제가 되지 않는 경우가 보통이다. 그러나 많은 경영자나 간부들은 대개 과정보다는 결과를 중시할 뿐만 아니라, 심지어 인사 문제에서도 결과제일주의를 적용하는 것을 흔히 볼 수 있다.

물론 결과도 중요하지만, 복권이나 경쟁입찰 등을 제외한, 설계와 생산 분야에서 결과란, 과정이라는 거위가 낳는 알에 불과하다. 좋은 알을 많이 얻기 위해서는 거위를 튼튼하게 키우는 수밖에 없다. 때로는 건강한 거위가 불량한 알을 낳을 수도 있으나, 이는 예외적이거나 일시적인 현상일 뿐이다. 이와 같이 일시적인 결과를 근본적인 것과 혼동하거나 확대 해석해서 판단을 그르친다는 것은 매우 어리석은 일이다.

예를 들면, 어느 장기적인 프로젝트에서 진취적인 노력을 기울이고 있음에도 짧은 기간에 적자가 나왔다고 전체를 부실로 평가

한다거나, 반대로 관리 수준이 내부 개혁을 요하는 가운데 어찌어찌해서 이익을 냈다고 이를 고무하는 행위는 회사의 건전한 기반을 뒤흔드는 악수가 될 것이다.

왜냐하면 경쟁자나 계약 상대방의 사정으로, 또는 운이 좋아서 별다른 노력 없이도 좋은 결과가 나오는 경우도 적지 않기 때문이다. 이와 같이 상대성과 합리성이 결여되고 단견적短見的인 판단이 횡행하는 풍토에서는 전사적全社的인 분발이나 협력하는 분위기를 기대할 수 없다.

'기업은 이익을 내야 하며, 경영과 관리는 그 결과가 말한다'는 말은 옳으며, 결과가 중요한 것을 모르는 사람은 없다. 그러나 문제는 결과만을 강조하거나 중시하다 보면 과정에 소홀하기 쉽다는 점이다. 그러므로 결과를 운운할 게 아니라, 좋은 결과를 얻을 수 있는 과정이 무엇이며 어떻게 해야 하는가에 관심을 기울이고 구체적인 방법을 강구해야 한다.

그런데 결과를 강조하는 간부 가운데 과정을 중시하거나 과정에 관한 아이디어를 갖고 있는 이가 드물다. 이것은 과정과 결과를 제대로 구분하지 못하거나, 과정의 중요성에 대한 인식이 부족한 위인일수록 갖기 쉬운 결점이라 할 수 있다.

기업 경영에서 반복되는 부조리와 시행착오는 이러한 결과주의 사고방식의 소산이 아니겠는가? 해외 입찰에서 국내의 업자끼리 출혈 과당경쟁을 하거나, 또는 수십 년의 역사를 가진 대기업들이 질적인 면에서 꾸준한 발전을 해오지 못하고 실속 없이 외형만 키워온 것 역시 이 때문이 아니겠는가? 경영자들이, 적어도 CEO 한 사람만이라도 결과주의에서 탈피한 경영 철학을 가지게 된다면, 이런 전철을 계속 밟지는 않을 것이다.

이와 같은 결과주의의 폐단은 기업만의 문제가 아니다. 날림 공사로 인한 재시공과 졸속행정이 누더기 공사를 범람시키고 있는 가운데, 기회주의와 한탕주의가 국가의 발전을 저해하고 사회를 어둡게 하고 있지 않는가? 명실상부한 선진화를 이루기 위해서는 반드시 극복해야 할 것이 이 결과주의라 하겠다.

따라서 결과에 이르는 과정의 흐름과 전개를 파악하고, 또한 조직의 분위기를 감지하여 결과의 해석이나 평가에 충분히 반영해야 한다. 뿐만 아니라 그 다음 프로젝트의 계획 및 실행에 활용하는 합리적인 사고방식, 즉 과정우선주의를 상식화해야 할 것이다.

5. 작은 것만 택하는 경영인

미국의 어느 대통령은 어릴 때 동네 사람들이 1다임 동전과 5센트 동전을 던지면 언제나 5센트 동전을 집었다. 이 엉뚱한 선택이 재미있어서 사람들만 모이면 다른 두 개의 동전을 던져서 아이가 싼 동전을 줍는 것을 보고 즐거워했다. 그런데 이것을 보고 안타깝게 여긴 한 어른이 가만히 그 아이를 불러서 다음에는 1다임 동전을 주우라고 했다. 그런데 그 아이는 "만약 내가 다임을 주우면 사람들은 이 놀이를 더 이상 하지 않을 것이다"고 했다. 어른들의 지혜를 훨씬 능가하는 아이의 비범성이 아닐 수 없다. 이것은 허허실실의 책략이며, 박리다매의 이치라고도 할 수 있겠다.

그런데 이와 같은 고차적인 책략도 없으면서 언제나 작은 것이나 가치가 작은 것을 택하는 경영자들을 주위에서 많이 발견할 수 있는 것은 안타까운 일이다. 사회생활에서도 '되로 주고 말로 받는다'는 말처럼 자신이 먼저 인사하거나 베푸는 것이 자신에게도 상대방에게도 이익이 되는 소위 윈윈(win–win)이고, 나아가서 주위의 모두에게도 이익이 되는 플러스섬 게임(plus–sum game)인데도 말이다. 이런 현상은 그 원인을 생각해 볼 때 두 가지로 구분할 수 있다.

첫째는 가치가 큰 것은 정액화되어 있지 않은데 반해, 작은 것은 정액화되어 있는 경우다. 즉 숫자와 계수에 의존하는 습관이 붙어서, 숫자로 표시되지 않는 사물에 대해서는 관리적인 사고가 미치지 않거나, 무의식 중에 이들을 경시하는 풍조가 농후한 문화에서 살아온 사람들에게서 흔히 볼 수 있는 현상이다. 기업에서는 일반적으로 경리나 원가부서에서 오래 근무한 자들이 이에 속한다고 할 수 있다.

둘째는 모두 숫자나 금액으로 표시되어 있지 않은 경우에도 볼 수 있으며, 경우에 따라서는 두 사물이 숫자나 금액으로 표시되어 있는데도 불구하고 큰 것 대신에 작은 것을 택하거나 또는 우선적인 관심의 대상으로 하는 현상이다. 이것은 관심 있게 관찰해 보지 않은 사람에게는 이해하기 어려울 것이다.

그러나 아이가 아니고, 그것도 기업에서 무거운 책임과 큰 영향력을 행사하는 최고경영자나 고급 간부가 자기의 업무나 행동에서 큰 것 대신 작은 것, 급한 것 대신 급하지 않는 것, 근본적인 것 대신 목전의 이익을 택하는 것을 본다면 이 아이러니가 쉽게 이해가 될 것이다.

이것은 선택의 주체인 경영자의 인간적인 그릇의 크기와 업무적인 역량에 비례해서 나타나는 현상일 뿐이다. 다시 말하면, 그릇과 역량의 크기에 따라서 관심사가 다른 것은 당연하므로, 이 결과를 두고 나무라거나 충고한다고 개선될 수 있는 것도 아니다.

물론 이것은 인간적인 그릇보다는 덜 숙명적이므로, 자신의 경력과 노력에 의해 어느 정도 개선할 수 있는 것이긴 하지만, 이런 현상을 보이는 간부 치고 스스로 이를 깨닫거나 노력하는 사례를 보기 어려운 것은 아이러니가 아닐 수 없다.

이런 간부는 문제의 전체를 보지 못하거나 혹은 전체를 보고도 근본적인 원인을 제거하는 대신 근본 원인에서 파생되어 나온 지엽적인 것에 집착하는 경향이 있다. 이것은 영국 속담, '언덕 너머의 큰 불을 끌 생각은 않고, 바람에 날려 오는 불티에 의해 붙는 덤불의 불만 열심히 끄고 있는 식의 경영(bush firefighting management)' 에 비유될 수 있다.

이런 경영은 문제의 해결에는 전혀 도움이 되지 않으면서, 바쁘게 소란을 피우며 부하들의 노력을 낭비할 뿐이다. 그러나 당사자들은 대개 자기가 불가피한 조치를 취하고 있으며, 대단히 열심히 노력하고 있다고 자부하는 경향을 띤다. 이러한 관리능력의 소유자들이 중요한 직책에서 경영과 관리를 하는 것은 기업이나 종업원들에게 큰 불행이다.

기업에서 큰 문제의 원인을 조사해 보면 사람의 문제로 귀착되는 경우가 많은데, 그것도 고급 간부나 경영자인 경우가 대부분이다. 어느 의미에서 사람은 간부로서의 역량을 저마다 매우 다르게 타고나는 것 같다. 그렇지 않고서야 어찌 그렇게 다를 수 있을까 상상이 되지 않는 경우가 많다.

어느 문제가 많은 기업의 스펙이 좋은 부장에게, 한 경영자가 사적인 회식 자리에서 그 기업에는 무엇이 잘못되었으며, 어떤 해결책이 있을 수 있는가 하고 물었다. 그 부장은 한동안 생각하더니 "각자가 자기의 직무를 열심히 하지 않는 것이 근본 원인"이라고 대답했다. 이 대답에서 2가지 문제점을 지적할 수 있다. 그 기업에 오래 일하면서 수많은 어려움과 울분을 가졌을 텐데도, 그는 이것을 별로 느낀 것 같지 않다는 점과 또 하나는 평소 그 기업이 안고 있는 문제의 근본 원인을 생각하고 있지 않다는 점이다.

이를테면 각자가 자기의 직무를 열심히 하지 않는 것은 결과이고 현상일 뿐 원인이 아니다. 그 기업에는 열심히 하지 않는 사람만 모여 있고, 다른 기업에는 모두 열심히 하는 자들만 있단 말인가? 그렇지 않다. 처음에는 비슷한 사람들로 구성되었을 것이다. 각자가 열심히 일하게 하고, 또 열심히 일할 수 있도록 하는 것이 경영이고 관리다.

간부는 언제나 머릿속에 하나의 숙제를 가지고 있어야 하며, 이것은 일상 업무의 것도 좋고 자기 직책보다 훨씬 높은 기업경영 전반에 관한 문제일 수도 있다. 이러한 숙제가 있으므로 해결책과 관리상의 지혜가 생기게 되는 것이다. 어떤 의미에서 평소 숙제가 없는 사람은 관리자로서는 실격이라 할 수 있다.

그리고 비록 하급 관리자라도 고급 간부나 경영자와 같은 의식수준과 관심사를 가질 수 있는 것이다. 관리자는 적어도 한두 단계 높은 직책의 의식 수준이나 관심사를 가지려 노력하지 않는다면 간부로서 성장할 자질이 부족한 것이다. 바꾸어 말하면, 부장이 되자마자 부장의 직책을 훌륭히 수행할 수 있는 사람은 승진하기 전에 이미 포부와 관리의식의 수준은 부장의 수준이 되어 있어야 한다.

어쩌면 큰 것을 못 보는 것과, 보다 높은 목표와 근본적인 문제에 관심이 적은 것 역시 어쩔 수 없는, 그 사람의 타고난 자질에 기인할 수 있다. 그리고 이처럼 평범하고 소극적인 사람이 더 행복한 인생을 살아가는 경우도 많다.

그러나 기업에서 이들의 성향과 역량을 파악해서 적재적소에 활용하지 못하는 것은 경영자나 CEO의 책임이다.

6. 실패 불감증

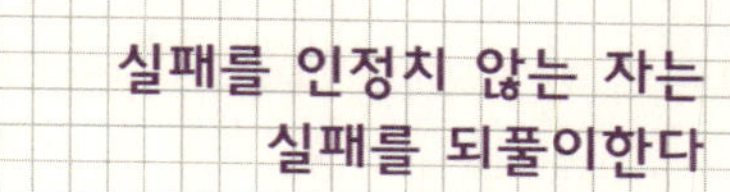

실패의 종류는 많으나, 기업에서 일어나는 대표적인 실패의 유형은 경영상의 실패와 일상 업무에서 반복되는 실패를 꼽을 수 있다. 이 두 가지 실패의 유형은 '실패는 성공의 어머니'나 '한 번 실패는 병가지상사兵家之常事'와는 다르며 '칠전팔기'에도 해당되지 않는, 장래의 성공으로 이어질 수 없는 실패라 할 수 있다.

그러나 이들을 그 이외의 실패와 구별하지 않고 대수롭지 않은 하나의 실수로 취급하는 경향이 있는데, 이는 기업의 큰 불행으로 자랄 수 있다. 특히 경영이나 관리상의 실패를, 신규 업무 수탁이나 판매 등 경쟁이 심한 분야나 신규사업 개척에서 불가피하게 발생할 수도 있는 실패와 같은 유형으로 착각하고 '귀신이 아닌 이상 안 해본 일에 어떻게 다 성공할 수 있나?'라고 하는 간부도 적지 않다.

경영이나 관리상의 새로운 시도는, 불가항력적인 외부 요인에 기인하는 차질과, 계획된 기간보다 다소 지체되는 것을 제외하고는 전부 성공해야 된다. 달리 말하면 성공률 9할은 정상이나, 8할은 부족하다. 성공률이 8할만 되어도 경영과 관리상의 혼선이나 부작용이 상당히 크며, 최고경영자에 대한 신뢰에 금이 가기 시작한다.

이에 대한 예를 들면, 기업체 내에서 다양한 업종 가운데 이질적인 것을 골라 자매회사로 독립시키는 일이다. 취지는 독립 후 독자적으로 경영해서 인사·급여·기술·영업 분야에서 더 발전시키는 것이다. 만약 일반 제조업체 내에 전문 정보통신부서를 계속 유지하는 경우, 주위의 이질적인 부서들의 영향으로 전문인력의 수급을 제대로 할 수 없어 기술의 발전과 독자적인 영업이 어렵기 때문이다. 그러나 독립된 후에는 예상치 못한 문제가 생길 수 있는데, 잘 대처하지 못하면 독립 이전보다 더 못할 수도 있다.

그리고 일상적인 업무에서 반복되는 실수나 실패에 대해서도 획기적으로 줄이는 조치가 있어야 한다. 반복적인 실수나 실패가 묵인되거나, 근본적인 개선책이 시도되지 않는다면, 그 기업은 이미 죽어가는 조직이라 할 수 있다.

어느 대기업의 설계부서에서 반복되는 실수나 오작을 줄이기 위해, 그 사례를 본인이 직접 발표하는 정기적인 모임을 갖고, 적지 않은 포상을 시행해서 큰 성과를 거둔 바 있다. 누구나 자신이 저지른 오작을 숨기고 싶어 하기 때문에, 같은 과에서조차 유사한 실수나 오작이 계속 이어졌다. 그런데 이 기발한 발표회를 열어서, 실수와 오작의 경험을 모두가 공유하게 하는 것은 시사하는 점이 많다.

실패의 경험을 공유하는 예로, 미국의 실리콘밸리에서는 실패한 벤처 기업가를 '경험 있는 사업가(experienced entrepreneur)'로 불린다고 한다. 이는 실패를 긍정적인 경험으로 여기는 그곳 정보통신 산업계의 진취적인 문화를 대변하는 것이라 하겠다.

이와 궤를 같이 하는 것으로 세계 최고의 부자 빌 게이츠도 "성공은 형편없는 선생이다. 똑똑한 사람들로 하여금 절대 실패할 수 없다고 착각하게 만든다"고 말한 바 있다.

끝으로 영업 부문의 잦은 실패와 낭비는 주로 부서장의 능력에 기인하는데, 이 능력의 핵심은 고객을 선별할 수 있는 체질적인 감각이라 할 수 있다. 이 능력이 있어야 고객이나 프로젝트를 선별해서 노력을 집중하는, 소위 '선택과 집중(selection & concentration)'을 할 수 있는 것이다.

이 감각은 말로써 설명하기 어렵지만, 이 방면에 다소 경험이 있는 사람에게는 잡다한 자료보다 더 확실한 근거가 될 수 있는 것이다.

7. 경영의 혁신은 간부의 현장화에서

내부의 문제를 해결하고 기업의 역량을 높이기 위해 외부 컨설턴트의 자문을 받거나 사원 교육에 많은 투자를 하더라도 별 효과를 못 보는 경우가 많다. 이를테면 외부 컨설팅이 제시한 해결책이 문제의 해결에 성공하는 경우는 겨우 30%에 불과하고, 사원 교육의 경우에도 약 75%의 기업은 교육 내용이 성과와 전혀 연결되지 않는다는 미국의 통계가 있다.

이런 결과는 외부 자문과 사원 교육이 그 기업의 현실적인 문제에 제대로 근거하고 있지 않는 데 주로 기인한다.

그러므로 가장 훌륭한 학습 자료는 그 기업의 현장에 있고, 가장 훌륭한 교사도 바로 현장의 문제라고 할 수 있다. 그래서 발전하는 기업에서는 사람들이 문제를 찾아내려고 노력한다. 그러나 쇠퇴하는 기업의 간부들은 문제를 숨기려고 노력한다. 가장 훌륭한 학습자료와 가장 훌륭한 교사를 땅속에 묻으려는 사람들에게 무슨 발전을 기대할 수 있겠는가?

이것은 조직의 발전을 저해하는 매우 중대한 문제인데, 이것을 해결하려면 어떤 접근 방법이 필요할까? 다음은 『발상전환을 위한 Activator 시스템 경영』에서 발췌한 것이다.

첫째, 간부의 현장화

간부들이 사무실에 앉아서 결재만 하지 말고 자주 현장에 나가서 문제를 발견해 내게 하고 함께 문제를 풀면 된다. 부하들에게 주저치 말고 찾아와 문제를 말해 달라고 해도 그들은 좀처럼 오지 않는다. 간부가 자꾸만 말을 시켜 문제의 노출을 유도해야 한다. 경영과 관리란 문제를 찾아내고 풀어나가는 과정이다. 문제는 쉽게 찾아지지 않으므로 많은 노력과 집요한 리더십이 필요하다.

둘째, 직위가 아닌 능력위주의 분위기를 만들자

직위 자체가 리더십은 아니다. 직위가 없어도 능력만 있으면 리더가 될 수 있는 분위기가 만들어져야 한다. 언제나 문제에서 배워야 한다. 그러므로 간부들에 대한 평가는 누가 문제를 많이 찾아냈느냐에 맞춰져야 한다. 그러면 회사의 문화가 달라지고 회의가 생산적으로 변한다. 지금까지는 문제와 건의를 많이 하는 사원이 '골치 아프고 말 많은 직원'으로 취급되어 왔을지라도, 문제의 발굴 능력에 의해 평가되면 우수한 사원이 될 것이다.

셋째, 명령조의 지시를 말자

고압적이거나 명령조의 지시는 없어져야 한다. 문제가 보이면 잠시 일을 멈추게 하고 함께 모여 의논해야 한다. 의논에 참여함으로써 능동적인 자세로 바뀌고 나아가 주인의식도 갖게 되는 것이다. 이렇게 되어야 문제를 숨기지 않고 상호 협조적인 분위기에서 간부의 말을 따르게 된다.

넷째, 자존심에 상처내지 말자

권위주의적이거나 일을 귀찮아하는 간부일수록 짜증을 잘 내고 고압적으로 행동하는 경향이 있다. 간부의 말이나 행동에 의해 입은 상처는 부하에겐 치명적이며 후유증은 오래간다. 따라서 화가 나면 먼저 참고, '내가 저들에게 친절하고 합리적이면 저들이 얼마나 행복해 할까'를 상상해 보자. 간부가 부하들로부터 인간적인 신뢰를 받지 못하면 어떤 경영상의 기술도 성과를 기대할 수 없다.

다섯째, 신분차별을 말자

직급이 낮은 사원과 하청업체에 대해 흔히 신분차별을 한다. 이것은 주로 동양적 사고방식에 기인하는데, 특히 한국의 밥그릇 문화의 폐단은 심각하다. 목사들 사이에도, 의사와 교수 사회에서도 밥그릇 문화가 존재한다. 예·체능계 선후배 간의 밥그릇 수 계급문화는 군대보다 더 심하다. 관료주의와 권위주의에 젖어 있는 사람은 아랫사람이 두려워하는 데서 희열을 느끼는 게 보통이다.

이러한 사고방식을 사회적으로 없애는 일은 매우 어려운 일이나, 기업에서는 유능한 간부라면 쉽게 할 수 있다.

조직에는 자기도 모르게 남에게 상처를 주는 사람이 있다. 그러한 사람일수록 남으로부터의 상처를 더욱 참지 못한다. 이런 사람일수록 아랫사람들과 자주 부딪치고 갈등을 빚는다. 갈등의 원인은 대부분 윗사람에 있다고 보아야 한다. 현장에 관한 한, 현장 사람들의 말을 소중하게 취급해주고, 새로운 아이디어를 반겨주어야 한다. 아랫사람들과 부딪치는 사람은 많은 사원들의 힘을 창출해내지 못하고 도리어 그들의 힘을 뺀다.

기업은 법원이 아니다. 잘잘못이야 어떻든 간에, 부하들과 감정적으로 부딪치는 간부는 기업의 생산성을 파괴하는 사람이라고 판단해야 한다. 법원에서처럼 따져보면 아랫사람의 잘못일 수도 있을 것이다. 하지만 윗사람은 민주적 토의나 설명을 통해 부하들을 납득시켜야 한다. 권위는 솔직한 데서 나온다. 실력과 설득력이 곧 간부의 능력이고 신분身分인 것이다.

8. 차등 성과급 제도의 마력

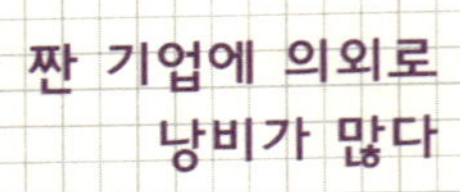

　　정상 수준에 이르지 못한 기업에서는 '자금만 있으면 잘할 수 있다' 또는 '많이 벌면 많이 주겠다'는 말로써 종업원들의 이해를 구하려는 기업주나 CEO가 적지 않다. 이런 기업들은 대개 생산성이 낮은 게 보통인데, 어느 면에서는 아직 낭비가 많은 상태를 벗어나지 못한 것일 수도 있다. 왜냐하면 생산성이 낮다는 것은 투입한 자본에 비해 생산량 즉 결과가 적은 것이기 때문이다.

　　그러면 낭비가 많은 기업이나, 독점기업이면서도 주인이 없어 대개 부실하다는 국영기업을 정상화시키는 것이 그렇게 어려운 일인가? 이와 관련된 것으로 다음의 사례는 경영상 시사하는 점이 적지 않다.

　　60년대 말 부실한 국영기업을 인수한 어느 기업주는, 각오는 했지만 그 기업의 형편없는 생산량에 비해 과도한 인원수에 놀랐다. '신의 직장'이라 불리는 오늘날의 공기업과 달리, 당시의 국영기업은 대개 박봉이고 업무량에 비해 종업원이 너무 많았다. 그리고 급여는 적었지만 비정상적인 잔업(overtime, 정규시간 외 근무)과

출장비, 이권 개입, 회사의 자재 빼돌리기, 기술자의 경우 근무시
간 안팎의 아르바이트 등의 잡수입이 있는 경우가 많았다. 따라서
담배인삼공사 조폐공사 등 특수한 국영기업을 제외하고는 언제나
적자를 낼 수밖에 없었고, 그 적자는 매년 국민의 세금으로 메워
왔던 것이다.

정부의 권유로 이 공기업이 민영화되면서 이러한 혜택이 끊어
지니, 당시 국영기업에서만 존재하던 막강한 노동조합이 격렬하게
저항했다. 장기간 계속되는 무법천지의 난장판 속에서 능력 있고
다소 합리적인 종업원들이 먼저 회사를 떠나기 시작했다. 이 현상
은 터무니없이 적은 업무량에 비해 많은 인력을 보유하고 있던 그
기업의 입장에선 나쁜 것만도 아니었다.

드디어 장기간의 파업도 끝나고 민간기업의 경영체제가 정착
되면서 업무량도 증가했지만, 기술자와 기능 인력의 이직은 멈추
지 않아 점차 우려되는 상황으로 변했다. 그러나 자수성가한 기
업주 사장은 언제나 '인수한 회사의 정상화가 신설 회사의 정상화
보다 훨씬 어렵다'며 '많이 벌면 나도 많이 준다'라는 말로 호소하
곤 했다. 그의 지론이 어느 날 비공식적인 간부들과의 간담회에서
도 되풀이되자, 기획실의 젊은 과장이 "건설 중인 회사는 돈을 벌
어서 많이 줍니까?"라고 꼬집는 질문에 "C군은 가끔 정치적인 발
언을 한단 말이야"라는 그 특유의 노련하고 유머러스한 대응에 참
석자 모두가 모처럼 즐거운 폭소를 터트린 일도 있었다. 그 후에도
동종업계의 신설 회사에 비해 매우 낮은 급여는 지속되었는데, 그

래서 그런지 그 기업은 끝내 흑자다운 흑자를 장기간 낸 적이 없었다.

이와 같은 경영철학이 지배하는 약 10년 동안 그 기업은, 국영 기업 시절과 비교해서는 크게 발전했으나, 당시 70년대 비약적으로 발전하던 한국 경제와 경쟁업체에 비교하면, 결코 큰 발전이라 할 수 없었다. 달리 말하면 그간 지속되어온 소위 '간짜장 경영'은 생산성이 낮고 낭비가 많은 경영 수준을 탈피할 수 없었던 것이다.

이처럼 침체된 분위기에서도 젊은 간부가 혜성처럼 나타나 기적을 만든 일도 있었다. 그는 북유럽에서 주재원으로 해외영업을 해오던 기술자 출신의 중간 간부로서, 자신이 공들여 수주한 스웨덴 선주의 Ro-Ro 다목적선 4척의 성공적인 건조를 위해 그 프로젝트의 전담 관리자(project manager 또는 site coordinator)를 자청해서 귀국했던 것이다. 그의 획기적인 발상과 거침없는 추진력에 의해 당시 누구도 낙관할 수 없었던 신개념의 고급 선박들을 모처럼 지체상금(delay penalty)도 없이 손실을 보지 않고 인도할 수 있었고, 이 탁월한 공적으로 그는 신조선의 생산과 설계를 책임지는 임원으로 승진했다.

그가 취임 1년 후 스스로 창안해서 수많은 저항을 무릅쓰고 실시한 제도가 '댐(dam)의 원리를 응용한 차등 성과급을 위한 예산제도'라는 새로운 생산관리 시스템이다. 댐의 원리란 내버려두면 어차피 흘러가버리는 빗물을 댐을 만들어 가둠으로써 보다 효율적이고 경제적으로 활용할 수 있다는 것이다.

같은 원리로 '이제까지 내버려두면 별 성과도 없이 소모되는 각 프로젝트 별 인건비의 예산을 생산부서가 직접 관리해서 노동생산성의 향상과 공기 단축을 유도하자는 제도이다. 이를테면 과거 유사한 선박의 건조에 투입되었던 시수(man-hour)와 현재 적용되는 시액(wage per man-hour)을 곱해서 나오는 직접 인건비를 예산으로 확보하는 것이다. 이렇게 해서 절감된 예산을 생산부서의 생산직 사원들에게 성과급으로 차등 분배하는, 즉 회사와 종업원 모두에게 득이 되는 소위 윈-윈 또는 플러스 섬 게임(plus sum game)을 하는 시스템이다. 물론 이 제도가 어느 정도 정착되면 관리직 사원들에게도 성과급을 지급한다는 계획이었다.

흔히 생산성 향상이나 예산절감이라면, 단위 생산량에 소요되는 인력을 절감하는 것을 생각하는데, 이보다 더 큰 회사의 이득은 공사기간을 줄이는 것이다. 공기를 단축하면 연간 생산량이 많아져서 원가의 중요 부분인 간접비(overhead cost)를 그만큼 낮출 수 있기 때문이다. 게다가 당시에는 임금이 낮아 원가에서 인건비의 비중이 작았으므로 잔업을 시켜서라도 공기를 단축하는 것이 회사에 훨씬 득이었다. 건설업과 제조업을 경영하면서 이 점을 가장 잘 활용한 기업가로 정주영 회장을 꼽을 수 있다.

이 외에도 예산제라는 성과급제도(incentive payment system)를 시행함으로써 오작이 줄고 품질은 향상되었을 뿐만 아니라, 종전에 비해 잔업 시간이 크게 줄었음에도 공기는 오히려 단축되었던 것이다. 게다가 각자의 능력과 노력에 따른 보상으로 자기만족과 사

기 진작에 따른, 기업문화의 긍정적이고 진취적인 변화에 기인하
는 회사의 발전도 간과할 수 없었다.

　이 제도를 시행한 결과 생산직 사원들은 법정 급여의 평균
40%의 성과급을 받았으며, 비록 성과급을 전혀 받지 못하는 극소
수의 사람에게도 이전처럼 법으로 규정된 급여는 보장되었다. 그
럼에도 불구하고 이 제도 시행 1년 후의 조사에 의하면 약 10%는
이 제도의 지속을 반대하는 것으로 나타났다.

　이들은 선진국에서는 상식으로 받아들여지는 차등 성과급에
대한 거부감을 비롯해서, 정치적 또는 이념적 이유로 반대하는 자
들로서 언제나 어느 조직에서나 있기 마련이다. 만약 이들 소수의
반대자에 휘둘려서 절대 다수의 이익을 외면한다면, 그는 훌륭한
성직자일지는 모르겠으나 유능한 경영자라 할 수는 없다. 이와 같
이 예나 지금이나 유능한 경영자에겐 부실기업의 정상화도 어렵지
않으므로, 새로 회사를 만드는 것보다 아주 헐값에 팔리는 부실 기
업을 인수하는 것이 훨씬 경제적일 수 있다.

　한편 주위의 압력에 의해 그 기업의 다른 사업부서도, 이 제도
를 벤치마킹해서 시행했으나 참담한 실패로 끝났다. 이것은 경영
자 한 사람의 역할이 일의 성패에 얼마나 결정적인가를 보여주는
사례로서, 이순신이 육성한 같은 수군인데도 원균이라는 리더 한
사람 때문에 거제도 칠천량에서 제대로 싸우지도 못하고 전멸 당
한 것에서도 잘 알 수 있다.

　끝으로 간과할 수 없는 것은, 예산제라는 차등 성과급 제도의 효과도 크지만 보다 근본적인 것은 생산성을 저해하는 생산과 설계부서 안팎의 갖가지 문제로부터 생산활동을 보호하는 것이다. 그가 이 역할을 훌륭히 수행할 수 있었던 데는, 뛰어난 능력 외에 그 특유의 일류의식과 부하들에 대한 인간적인 사랑에서 나오는 진취적이고 과감한 실천력이 있었던 것이다. 그러나 얼마 후 이 스타 경영인도 최고 경영층과 뜻이 맞지 않아 그 회사를 떠나고 말았다.

유능한 경영자는
조직의 문화부터 바꾼다

| 제 **7** 부 |

관료주의와 기업 회생

1. 관료주의라는 기업병

관료주의를 쉽게 말하면 관공서나 공무원의 행동양식이나 의식 상태인데, 그것도 주로 후진국이나 중진국의 권위주의적이면서 비효율적인 업무처리나 관행을 의미한다. 그러나 어떤 분야든 조직이 커지거나 오래되면 점차 관료주의화하는 경향이 있고, 이런 현상이 기업에서는 소위 '대기업병'이라는 고질병으로 조직의 구석구석에 침착하여 끝내 기업을 망치게 되는 것이다.

1995년 삼성그룹의 이건희 회장이 중국 방문 중 '기업은 2류, 정부는 3류, 정치는 4류'라는 발언을 한 후 정치계와 정부의 반발로 엄청난 설화를 겪어야 했으나, 1997년 IMF 외환위기로부터 이제까지 정부와 국회의 무능과 퇴행을 보면 정확한 관찰이었음에 틀림없다.

정부의 무능은 주로 근시안적 정책과 관료주의의 비능률에 기인하는데 이와 관련된 수많은 사례 가운데 대표적인 것은 우리의 금융산업일 것이다.

국내자본의 은행들은 처음부터 관치금융의 환경을 벗어나지 못한 채 느리게나마 성장해오다, 정치와 행정의 부실로 YS정권 4년 만에 건전한 국가재정상태에도 불구하고 국가부도 직전의 사태를 맞아 IMF의 구제금융과 규제를 받아야 했다. 그 결과 많은 금융기관들은 정부의 막대한 구제금융에 의해 겨우 회생되면서, 그간 어느 정도 민영화된 상태의 은행들은 거꾸로 국유화 아닌 국유화로 퇴보해서 관료주의가 심화되었다.

그 후 한때는 아시아의 금융 허브를 지향하며 선진국을 따라잡는다고 큰소리쳤으나, 이젠 후발주자인 개도국에도 추월 당해 바닥을 헤매고 있는 것이 우리 금융업의 경쟁력이다.

영국의 금융 전문지 〈더 뱅커(The Banker)〉에 의하면, 2013년 우리나라 은행의 평균 총자산순이익률(ROA, 자산 대비 이익률)은 0.38%로 세계 94국 가운데 83위로 그리스, 스페인과 같은 경제위기를 겪고 있는 나라와 아프리카 저개발국들을 제외하면 사실상 꼴찌다. 2013년 세계 1,000대 은행(총자산 기준)의 평균인 1.28%와 비교하면 3분의 1에도 못 미친다. 마찬가지로 은행 국제화 수준의 지표인 초국적화지수(은행의 자산·이익·인원에서 해외점포의 비중)의 경우, 국내 은행의 평균은 3.8%로서 세계 1위인 USB(77%)는 차치하고 일본 1위인 미쓰비시UFJ(29%)에 비해서도 너무나 초라하다.

WEF(세계경제포럼)가 2014년 발표한 2014~15년도 국가경쟁력 순위에서 한국의 금융경쟁력은(성숙도) 144국가 중에서 80위로 아프리카 국가의 수준이다. GDP(국내총생산) 151위의 말라위는 79위,

GDP 101위 우간다는 81위, 네팔도 75위이고, 16위의 일본과 18위의 대만과는 비교할 수조차 없다. 따라서 한국의 경제는 세계 13위로서 무역규모 8위에 제7위의 수출대국인데도 불구하고, 금융업의 경쟁력은 2008년 37위에서 2014년에 80위로 추락한 아이러니에 경악할 수밖에 없다.

한편, 기업이 관료주의화되면 부서 간의 벽이 높아져 관행적 업무와 절차가 복잡해지면서, 비생산적인 회의가 늘어나고 결정이 늦어진다. 따라서 기업 안팎의 변화에 재빨리 대응하지 못할 뿐만 아니라 기업의 이익과 핵심 가치에 집중하지 못한다. 반대로 형식적이고 의례적인 외형에 연연하면서, CEO와 간부들의 권위의식을 유지하는 일에 매달린다.

관료주의에 젖은 조직의 종업원들은 상급자에 아첨하고 하급자에는 거만하며, 무사안일주의 속에 어려운 일이나 새로운 도전을 회피한다. 이를테면, '누군가 하겠지, 잘 되겠지'하는 소위 대기실 증후군(waiting room syndrome)이 만연하게 되는 것이다. 그러면서도 간부들은 독선적이고 책임에 대해서는 애매한 태도를 취하는 것이 일반적이다.

IBM, GM, Nissan 등 굴지의 기업들이 한때 몰락의 수렁에 빠졌던 이유는 관료주의 때문이다. 당뇨병이 합병증 때문에 무섭듯이 관료주의는 기업의 모든 것을 파괴한다. 아래는 관료주의에 기인한 합병증들로서, 『발상전환을 위한 Activator 시스템 경영』에서 발췌한 것이다.

1) 간부에 대한 불신감

문제점이나 애로사항을 말해도, 해결에 도움이 안 되는 경우가 많다. 지침도 안 주고 알아서 해야 하므로, 문제를 보고하지 않는 풍조가 생긴다.

2) 내부 알력

불편부당해야 하는 최고경영자가 특정인만 가까이한다면 심복이 아닌 대다수의 마음은 싸늘해진다. 심복이 행세를 하면 사정은 더 악화되고, 이로 인한 손실은 비록 회계장부에 잡히지는 않지만 엄청나다.

3) 서로 미루기

개개인은 훌륭해도 서로 긴밀하게 맞물려서 돌아가지 않으므로, 업무상의 잘못이 허다해도 에러(error)가 잘 드러나지 않는다. 이런 상태에서 어떤 문제가 발생하면 모두가 자기 책임이 아니라고 발뺌한다. 그리고 해오던 일은 묵묵히 하지만 생소한 일이 생기면 서로 미룬다.

4) 개인주의

더러는 간부들이 부하들을 단합시키려 하나, 분위기가 좀처럼 살지 않는다. 분임토의에서도 터놓고 말을 하지 않는다. 모두가 담당자인데도 단순한 일을 반복하는 기계와 같이, 남의 일에는 무관심하고 상사의 입장은 생각할 겨를이 없다. 잘 하다가도 잘못이 드러나면 심한 질책을 당하기 때문에, 책을 잡히지 않기 위해 누구나 달팽이처럼 벽을 쌓고, 자기의 일을 이웃에 노출하지 않는다.

　이러한 관료주의적 폐단을 없애기 위해서는 어렵겠지만 일대 개혁을 단행하여, 기업의 관리체제를 톱다운(top-down)이 아닌 보텀업(bottom-up) 식으로 바꾸어야 한다. 이를테면 현장을 중시하고 일선부서의 의견을 존중하여 부하들의 참여의식을 고취할 뿐만 아니라, 간부의 현장화를 실현하여 의견의 수렴과 결재의 절차를 크게 줄여야 한다. 이는 '관리체계를 단순화하는 기업문화'를 뿌리내려야 한다는 말이다.

2. 혼선은 경영 부재에서

현업 경영에서 어떤 문제의 원인이나 해결책에 대해 정반대의 견해를 가지는 사람들이 종종 있다. 이런 견해차는 문제가 보다 고차적이고 추상적일수록, 또는 고위층으로 올라갈수록 더욱 두드러지는 경향을 보인다.

다원화된 사회에서 동일한 사물에 대해 서로 다른 견해나 시각을 가지는 것은 조금도 이상하지 않다. 그러나 기업 경영에서, 다시 말하면 여러 면에서 제한된 살림살이에 불과한 경영과 관리에 있어서는 견해가 그다지 다양할 수 없는 것이 보통이다. 실제 어느 한 의견이 정확하거나 옳으면 다른 의견은 부정확하거나 부당한 경우가 많다.

그 당시에는 각기 다른 주장을 객관적으로 판정하기 어려운 경우가 있지만, 시간이 지나서 결과가 나온 후에는 어느 쪽의 주장이 옳았는지 쉽게 알 수 있다. 누구든 옳은 주장을 하고 싶어 하겠지만, 한 번 틀린 사람들은 다른 안건에 대해서도 또다시 틀리는 견해를 갖는 경향이 있다.

경쟁이나 추첨의 결과와 같은 것을 제외하고 경영과 관리상의 방향이나, 사건의 이해와 인식의 문제나, 지금까지 관계를 가지고 있는 인물에 대한 평가에 있어서는 좀처럼 틀려서는 안 된다. 만약 틀리는 경우가 많은 사람은 판단과 결정을 해야 하는 고위 간부로서는 적합하지 않은 사람이다.

기업경영에서 경영자는 의사와 같다. 의사는 간혹 처방을 수정하기도 하나, 처방이 완전히 바뀌거나 이 약 저 약을 썼다가 또 다른 약을 쓴다면, 그는 전문의가 아니거나 그 환자에게 맞지 않는 의사라 할 수 있다. 병든 기업이나 기업의 질병에 대한 경영자의 처방은 반드시 정확해야 한다. 실제 경영상의 문제는 인체의 질병과 달리 진단하기도 쉽고 완치가 그리 어렵지 않다.

만약 문제를 알아도, 회사 안팎의 사정으로 제때 해결할 수 없다면, 임시 조치를 하든가 어느 시점까지 기다려야 한다. 이를 인체에 비유하면, 눈병이 났으면, 안약을 쓸 일이지 안약이 없다고, 눈을 만지거나 맞지 않는 약을 쓰면 안 된다. 그렇게 하면 눈병은 악화되고 사람만 상할 뿐이다.

기업에는 온갖 회의가 열리는데, 대개의 회의가 문제를 해결하는 회의가 아니고, 명령을 하달하거나 고위 간부를 이해시키기 위한 보고의 시간이다. 생산적이고 효율적인 회의는 문제를 파악하는 회의인 동시에 문제를 해결하는 회의가 되어야 한다. 경영자는 사태를 파악하고 정리해서, 담당자들이 일을 잘 처리할 수 있도록 해 주어야 한다.

소신이 없거나 실무를 모르는 경영자가 단순한 기능을 가진 기능인처럼 몸으로 대신하는 경우도 종종 볼 수 있는데, 이와 같이 경영자의 역할을 제대로 못 해서 수많은 부하들의 노력을 낭비해서는 안 된다. 몸으로 대신하면 할수록 문제의 정확한 파악과 해결과는 멀어질 뿐이다.

GE의 잭 웰치 회장은 리더십의 핵심적 역할은 "Energizing Others"라 했는데, 이는 수많은 타인을 일하고 싶도록 만드는 것이다. 그렇게 하기 위해서 리더는 목표와 비전을 분명하게 제시해서 조직원들의 공감을 얻을 수 있어야 한다.

그러므로 경영자는 평소 일에 너무 빠져서 실무자들과의 접촉을 어렵게 하거나, 감정과 정보의 교류가 원활하지 않게 되는 상황을 경계해야 한다. 만약 경영자가 이와 같은 접촉과 소통을 위한 여유가 없거나 조직 내부에서 혼선이 있다면, 그때까지 그의 경영 스타일에 문제가 있다고 할 수 있다.

3. 제도인가 운영인가

큰 조직에서 문제가 생기면 그 원인이 제도에 있다고 보고, 제도의 개편이나 보완으로 이를 해결하려는 사람들이 많다. 이들은 대개 조직과 제도를 우선하는 관료주의자(bureaucrat)나 전문가관료(technocrat)에 속한다.

한편 문제의 원인은 제도가 아니라 그 운영에 있다고 보는 사람들이 있다. 이들에 의하면, 문제 해결을 위해서는 제도를 운영하는 조직의 책임자나 인적 구성에 손을 대야지, 조직이나 제도만 개편하면 문제를 오히려 악화시킬 뿐이다.

이것은 비정상적인 상황에서 정상적인 제도와 절차를 고집하는 것에 비유할 수 있다. 제대로 아는 사람의 눈에는 비정상적인 상황에서 정상적인 방법이란 문제의 해결에 전혀 도움이 되지 않는 비현실적인 경우가 많다. 그러므로 국가기관이 아닌 기업의 경영에서는 그 수준과 상황에 따라 운영을 제도보다 우선해야 할 경우도 얼마든지 있다.

따라서 흔히 잘못하는 경영으로 회자되는 위인설관爲人設官도 어떤 특정인의 이익을 위한 자리가 아니고, 그의 능력을 활용하기 위해 마련하는 직책이라면 이를 금기시해야 할 이유도 없다. 이를테면 비정상적인 상황에서는, 제도우선주의자들의 주장을 잠시 유보시키고, 악순환의 고리를 끊거나 막힌 데를 뚫어버려야 한다. 다만 비상조치는 한시적으로 신속하게 수행되어야 한다.

이와 같은 문제는 수많은 종업원이 참여해서 이룩할 수 있는 생산성 향상이나 품질관리의 문제와는 다른 차원으로, 여러 사람이 관여해야 해결될 수 있는 성질의 것이 아니다. 이것은 처음부터 책임의 소재가 제한되어 있으므로, 문제의 불필요한 확대는 기업 전력의 낭비일 뿐 옳은 해결의 방향이 아니다.

제도냐 운영이냐 하는 문제는 정치에서 더욱 두드러지는데, 대통령책임제의 부작용 때문에 내각책임제로 전환했더니, 문제가 더 많아 다시 대통령책임제로 돌아가는 것을 반복하는 것과 같다. 과거의 프랑스나 한국처럼 이런 현상이 되풀이되는 이유는, 문제가 제도에 있지 않고 운영에 있는데도 제도를 탓하며 운영에는 근본적인 개선이 없기 때문이다.

대통령책임제와 내각책임제 중 어느 것이 좋으냐는 질문에는, 그 나라의 국민성과 상황에 더 맞는 것이 좋다고 답할 수밖에 없다. 즉 감정의 기복이 심하고 인내심이 부족한 라틴계의 국민성에는 내각제가 맞지 않을 수 있다. 과거 프랑스는 내각책임제하에서 1년도 못 가는 잦은 정권교체와 패전의 결과로 대통령책임제로 바뀌었다. 이태리는 무솔리니의 파시스트 독재 후 계속 의원내각(책임)제를 유지하고 있으나, 잦은 정권교체와 어우러져 부정과 부패가 만연하는 가운데 마피아가 활보하는 이상한 민주국가로 퇴보하고 있다.

민주주의 제도에서도 법치가 잘못 운영되면 '법은 법을 어기거나 악용하는 자들을 위해 존재하는 꼴'이 되고, 자유선거는 포퓰리즘이 난무하는 제도로 타락하게 된다. 과거 부국이었던 아르헨티나와 현재 경제위기를 겪고 있는 남유럽 4국에서 보는 것처럼, 우선 당선되고 집권해야 한다는 목적에서 장기적인 국익보다 단기적인 성과나 대중에 영합하는 정책에 연연하다 나라를 파산시키거나 퇴보하게 만든다.

민의를 비교적 공정하게 수렴한다는 선거라는 제도는 우리나라에서도 수많은 문제를 야기해 왔는데, 이와 관련하여 '선거가 만든 최악의 괴물은 세종시'라는 말이 유행하고 있다. 국정의 비능률과 국가재정의 막대한 낭비를 뻔히 예상하면서도, 선거의 승패를 쥐고 있는 캐스팅 보트(casting vote)라 할 충청도의 지역이기주의에 편승하고 이를 증폭시켜서 승리를 쟁취한 부끄러운 사례라 할 수 있다. 당초 '행복도시'라 선전하던 세종시의 부작용은 날이 갈수록 심각해지고 있는데도, 이에 대한 정치계와 학계의 반성과 대책은 보이지 않는다.

완벽하거나 틀림없는 제도란 어디에도 있을 수 없다. 조직이 크든 작든 조직의 문제는 제도보다 조직의 최고책임자와 조직의 운영에 있는 경우가 더 많기 때문에, 잦은 제도의 변경은 문제의 해결에 대체로 도움이 되지 않는다. 그러므로 영국과 미국처럼 각각 내각책임제와 대통령책임제를 계속하면서 꾸준히 보완해가는 것이 더 바람직하지 않겠는가?

이와 마찬가지로, 기업의 경영에서도 기구와 제도의 섣부른 변경이나 전시성 캠페인은 극히 경계해야 할 것이다.

4. 문제는 윗사람에

간부들은 통상 부하들을 신분적으로 차별하여 자신의 권위를 유지하려 한다. 부하들의 애로사항을 해결해 주는 것이 아니라 부하들로 하여금 멀어지게 하는 매너를 보이곤 한다. 부하들은 겉으로는 고분고분하지만 불만은 속으로 쌓인다. 간부들과 하급자들의 행동에는 나름대로의 애사심이 나타나는데, 애사심은 하급자로 내려갈수록 더 높은 경우도 적지 않다.

종업원들 가운데 회사를 위해 자신이 사장이라는 생각을 가지고 잘 해보려는 사람도 적지 않지만, 그 노력에 찬물을 끼얹는 자들이 주로 고급 간부들이다. 그들이 이런 성향을 보이는 원인은 관료주의와 무능이다. 기업이 크든 작든 CEO에 의해서 관료주의가 뿌리내릴 수도 있고, 관료주의에서 벗어날 수도 있는 것이다.

아래는 『발상전환을 위한 Activator 시스템 경영』에서 인용한 것이다.

통상 음식점은 지배인 체제로 운영된다. 지배인이 어떤 사람이냐에 따라 가게의 손익이 갈린다. 지배인의 마음속에 고객 제일주의가 자리하고 있으면

흑자를 낼 것이고, 권위의식이 자리하고 있으면 적자를 낼 것이다. 지배인이 고객만족에 제1의 가치를 두면 종업원들은 지배인을 따라 고객만족에 최선을 다할 것이다.

반면 지배인이 자신의 권위를 고객보다 우선한다면, 종업원들은 고객접대에 소홀하면서 지배인의 마음에 들기 위해 면전에서 아부할 것이다. 종업원의 이런 자세를 지켜본 고객은 자연히 그 식당을 멀리할 것이다. 유능한 지배인이나 간부라면 부하들의 걸림돌이 되지 않고 부하들에게 일하려는 욕망을 불어넣는 일에 앞장 설 것이다.

어느 경영 컨설턴트가 플랜트 부품을 생산하는 회사의 경영진단을 한 적이 있다. 사무실과 공장과 자재창고를 찾아 담당자들에게 허심탄회하게 말을 시켰더니 폭발하기 직전의 문제들이 쏟아져 나왔다. 그러나 이 중요한 문제들이 사장에게는 보고되지 않고 있었다.

그가 사장을 면담했더니 사장은 "내가 왜 공장 같은 곳을 돌아다니며, 말단 사원들과 대화를 해야 하느냐, 나는 간부들의 보고를 통해 지시하면 된다"고 하며 현장에서 발견된 문제점들을 수용하려 들지 않았다. 부장급들 역시 사장과 같은 태도였다. 과장들이 부장의 결재를 받으려면 몇 개 층을 여러 번 오르내려야 했다. 이 회사에서 만연한 관료주의는 CEO에 기인하는 전형적인 사례였다. 결국 그는 이를 기업주인 회장에게 알렸고, 그 사장은 사표를 내야 했다. 〈인용 끝〉

한국적인 상하관계가 경우에 따라서는 미풍양속일 수도 있겠지만, 발전을 저해하는 걸림돌이 되기도 한다. 이 문제는 오래 전

부터 많은 사람들이 우려해 왔지만, 현실에서는 제대로 개선되지
않고 있다.

히딩크가 한국 축구를 맡으면서 선수 선발에서 학맥과 연공서
열을 없앤 후, 가장 먼저 손댄 것이 선후배관계라는 한국식 사고방
식이라 한다. 이를테면 선후배 간에 다른 호칭을 금지한 것과 동시
에 게임을 촬영한 비디오를 함께 보면서 선배든 후배든 상관없이
자유로운 토의를 시켰다고 한다. 한국팀의 실력은 상하계급 없이
이루어지는 토의와 훈련 과정에서 자랐던 것이다.

계급적인 상하관계는 감독과 선수 사이에서는 상상을 초월하
며, 심지어는 감독의 부인과 선수 사이에서도 그대로 연장되거나
오히려 증폭된다. 일례를 들면 여러 해 전에 어느 국가대표팀 감독
의 젊은 부인이 잡지사 기자와 인터뷰하는 동안 내내, 국가대표 축
구선수들을 '아이' 또는 '아이들'이라 호칭하는 것에 놀라고 개탄한
적이 있다.

이것은 '남편이 대령이면, 부인은 준장 행세한다'는 군대의 전
근대적인 관료주의에 비유될 수 있다. 국내라는 안방에서 그것도
계급과 복종을 중시하는 특수 사회인 군대와 달리, 국가대표팀은
세계의 강한 팀들을 상대해야 한다. 그리고 이들과 싸워서 이기기
위해서는 인격적으로 상호 존중하는 분위기에서, 최상의 팀워크와
자기 능력 이상의 기량을 발휘해야 하는 조직이다.

　위의 사례에서 알 수 있는 바와 같이, 유능한 감독 한 사람에 의해 월드컵 4강이라는 기적 같은 성적을 낼 수 있었다. 이를 뒤집어 말하면 역대 축구 지도자들은 다들 알고 있으면서도, 가장 큰 문제인 관료주의적 폐습을 제대로 떨쳐버리지 못했던 것이다.

5. 관료주의에 대한 해결책

간부의 역할은 부하들을 격려하고 코치하며, 함께 문제를 찾아내고, 문제를 해결하는 촉진자(facilitator)이어야 한다. 그래서 선진 기업에서는 공장장을 포함한 모든 간부들이 주로 사무실에 머무르지 않고 현장으로 출근하고 현장에서 퇴근하면서 문제를 현장에서 발굴해내고, 관련자들을 불러 모아 현장 토의를 통하여 해결책을 마련한다.

그러나 관료주의에 젖은 조직에서는 현장에 뛰는 사람보다 보고받는 사람이 많아 현장에서 발생한 문제의 해결에 방해만 될 뿐이다. 사고가 발생한 경우에도 책임을 지고 부하들의 도움을 받아 늦지 않게 결단을 내릴 수 있는 간부도 드물다. 이에 대한 좋은 실례로 2014년 4월 16일 발생한 세월호 침몰사고를 들 수 있다.

파고 0.5m의 잔잔한 바다를 운항하던 세월호는 아침 8시 48분 원인을 알 수 없는 쿵! 소리와 함께 36초간의 정전 발생 후 선체가 기울기 시작, 8시 50분 단원고 교감이 학교에 이상 보고, 8시 55분에 조난신고가 제주해경에 접수, 9시 27분 해경 헬기 사고해

역 도착, 9시 30분 인근의 어선이 구조 착수, 9시 39분 기관부 전원(7명)이 경비정에 구조, 9시 41분 선장과 선원들 구조, 9시 54분 좌현 완전 침몰, 10시 25분 우현 침몰, 10시 31분 선체 완전 전복되고 그때까지 선내방송만 믿고 선실에서 기다리던 승객 304명(?)은 구조되지 못했다.

청와대의 국가안보실과 안전행정부 장관이 본부장인 중앙재난안전대책본부와, 고위직은 배도 바다도 모르는 해양경찰청이 있지만, 상황파악과 구조에 전혀 도움이 되지 않았고, 알맹이 없는 보고와 뒷북치기 지시로 분주했을 뿐이다.

더욱 가관은 증강시켜야 할 해경을 해체하겠다는 엉뚱하고도 즉흥적인 사후대책을 낸 대통령과 7개월이나 위험한 실종자 수색에만 매달린 정부다. 생존의 희망이 있을 때까지만 구조작업을 하는 해양선진국들과 달리, 수색중단에 따른 소수의 원성을 피하려 사고원인도 제대로 모르는 채 시체수색을 계속했다. 한편 다수의 구조요원들의 희생에도 불구하고 매일 약 4억 원을 허비하며 국정을 마비시키고 있는데도 이를 비판하지 않았는 국회와 언론의 책임도 작지 않다.

이와 같이 현장과 유리된 조직과 경영은 정부와 공기업만의 보편적 현상이 아니라 민간 기업의 현장에서도 흔하다. 건물을 새로 짓는 것보다 기존 건물을 손봐서 사용하는 것이 훨씬 싸므로, 많은 기업들이 기존 건물을 개축(renovation 또는 remodeling)하는 경우가 많다. 건물을 개축하는 과정에서 간부들이 일하는 체제 즉 시스템

과 스타일이 완전히 다른 경우가 있는데, 아래의 사례는 『발상전
환을 위한 Activator 시스템 경영』에서 발췌한 것으로, 간부의 현장
화가 결과에 미치는 엄청난 차이를 보여주고 있다.

　영국이 건물을 지으면 107년 가지만 한국이 건물을 지으면 19
년 간다는 말이 있다. 리모델링 프로젝트를 따놓고 영국출신 부사
장이 어떻게 일하는지에 대해, 그리고 한국인 파트너들이 어떻게
일하는지에 대해 관찰한 적이 있다.

　영국인 부사장은 아래위가 붙은 작업복의 가슴에 녹음기를 차
고 랜턴을 들고 스스로 천장 속을 누비며 작업내용을 녹음으로 메
모해서 밤에 정리했다. 남들에게 할당할 일과 자기가 직접 해야 할
일을 정리했고, 지휘는 차를 타고 다니면서 이른바 통신지휘라는
것을 했다.

　하지만 한국 간부 중에 이렇게 일하는 사람을 거의 보지 못했
다. 전무는 부장에게 지시하고, 부장은 과장에게, 다시 과장은 대
리에게 지시했다. 결국 천장 속에 올라가는 사람은 대리급이었다.
대리의 경력으로는 설비들이 얼마나 낡았는지, 갈라진 금이 무엇
을 의미하는지에 대한 전문적인 판단이 성숙할 리 없다. 그런데도
대리가 관찰한 것을 가지고 결재 서류를 작성해 과장에게 올린다.
과장은 부장에게, 부장은 상무, 상무는 전무에게 결재를 받는다.

　영국 회사는 부사장의 관찰과 판단으로 일을 하지만, 한국 회
사는 대리의 관찰력과 판단으로 일을 하는 셈이다. 영국 회사는 부
사장급 아이디어를 사장에까지 관철하는 데 1일이면 족하지만, 한

국 회사는 대리급의 아이디어를 관철하는 데 한 달씩이나 소비한다.

　　가장 큰 낭비는 대화의 차단에서부터 발생한다. 부장급만 되어도 현장의 막장까지 가려 하지 않고 주로 사무실에서 결재만 하려든다. 결재를 받으려면 상당한 시간을 기다려야 하고, 결재가 날 때까지 수많은 근로자들은 작업을 하지 못하고 시간을 낭비한다. 게다가 직급이 높을수록 현장감이 없다. 그런 간부들에게 자세히 설명하려니 보고를 하는 사람이나 받는 사람이나 짜증스러울 수밖에 없다.

　　그러므로, 대기업의 사장이라도 현장에서 돌아가는 것을 제대로 알려면 가끔 현장이나 일선 사무실에 찾아가 실무자들과 터놓고 대화해야 한다. "지금 가장 큰 문제가 뭐라고 생각하느냐?", "이 문제는 어떻게 해결하는 게 좋다고 생각하느냐?", "지금 이 부서의 가장 큰 애로사항은 무엇인가?" 등의 질문을 던지고 토의를 주재한다면, 그런 기업은 빠르게 관료주의에서 벗어나 도약적인 발전을 기대할 수 있다.

6. 인사 질환의 단계

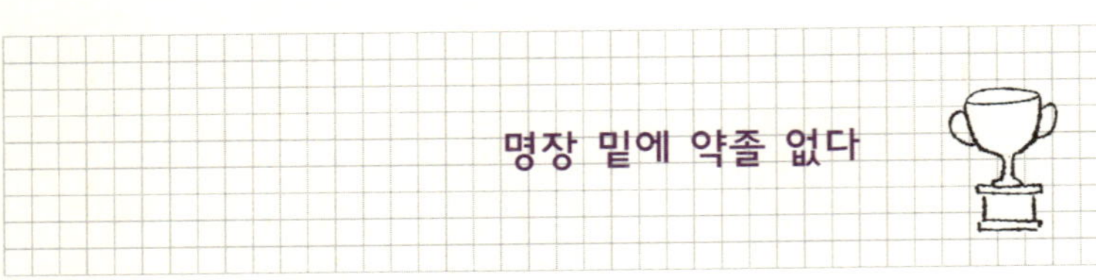

기업에서 불화합과 침체된 분위기는 대개 전사적인 현상이라, 병으로 인식하지 못할 정도로 만성적이다. 이는 주로 잘못된 인사에 기인하나 구체적으로 꼬집기가 어려운 경우가 많다. 이의 뿌리는 조직이나 제도의 문제가 아니라 기업주 또는 최고경영층의 의식과 사고방식에 있는 경우가 많다. 기업의 발전을 근본적으로 저해하는 이 인사질환이 어떻게 심화되어 가는지 살펴볼 필요가 있다.

일본에서는 한때 '부하에게 100을 시켜서 100을 거두면, 이는 우수한 상사라 할 수 없다'는 경영상의 격언이 유행했다. 우수한 상사라면 최소한 110 또는 120을 거둘 수 있어야 한다는 뜻이다. 목표관리의 기준에서 100% 달성은 우수한 결과로 간주하는 개념과는 아주 다르다.

이런 초과달성을 이루기 위해서는 우선 부하의 능력에 앞서 상사가 업무지식, 인격, 비전, 리더십 등에서 부하들의 인정 내지 존경을 받아야 한다. 특히 부하들에 대한 동기부여 능력과 인격적인 포용력에 의해 생성되는 인간적인 상호 신뢰가 바탕이 되어야 한다.

달리 말하면 인간적인 그릇이 커야 부하들의 진취적인 도전과 다양한 발상이 가능하다.

그런데 자질이 우수하고 능력이 있는 부하가 그렇지 않은 상사 밑에서는 평범한 부하보다도 못한 실적을 내는 경우도 적지 않다. 이는 우수한 부하의 자질을 개발하고 활용할 수 있는 리더십이 결여된 상사의 문제이지만, 기업에서는 보통 문제가 부하 쪽에 있는 것으로 판정된다.

이것이 인사질환 제1기라고 할 수 있다. 이때는 아직 인사상의 문제나 기업병으로 파악되기는 어렵고 지혜로운 극소수만이 알 수 있다.

이 상태가 더욱 심화되면, 상사는 자질이 비교적 떨어지는 부하를 선호하게 되고, 우수한 자질의 부하는 소외되고 떠밀려서 침체되거나, 점차 떠나는 현상이 나타난다. 달리 표현하면 '악화가 양화를 구축한다'는 그레샴의 법칙이 기업에서 나타나는 현상이라 할 수 있다. 이때 그 조직은 사발과 종재기가 섞여 있는 상태에서 점차 종재기의 집단으로 바뀌어가는 상태, 즉 인사질환 제2기라 할 수 있다. 이때만 해도 역량 면에서는 퇴보하고 있으나, 긍정적인 갈등이 조금 남아 있으므로, 제법 유능한 경영자도 문제로서 인식하지 못하는 수가 많다.

자질이 뒤떨어지는 상사일수록 자기와 같거나 못한 부하를 선호하는 것은, 인간의 자기보존 본능과 유유상종하는 특성에서 비롯된다고 할 수 있다. 그렇게 함으로써 그들은 잠재적인 경쟁자에 대한 불안을 해소하는 동시에, 인간적인 상호균형에서 정서적인 안정을 얻을 수 있는 것이다. 허나 이것은 인적자원관리 불량의 전형적인 사례로, 기업의 역량을 감소시키고 발전을 저해하는 심각한 문제다.

이런 상태가 계속되면, 결국 전부 자질이 못한 자들로 구성되는 조직이 된다. 작은 그릇만의 집단에서는 선의의 경쟁이나 진취적인 도전을 통한 상승효과를 볼 수 없고, 폐쇄적인 분위기에서 주로 상사에 의존하게 된다. 따라서 상사의 역할과 권위는 더욱 표면화되어서 이 상사가 없으면 부서의 기능이 마비될 것처럼 보여, 문제의 원인을 알고서도 어쩌지 못하는 상황, 즉 인사질환 제3기가 된다.

건전한 조직에서는 부하들이 상사로부터 배우고 본받을 뿐만 아니라, 상사도 부하로부터 배우려는 지혜와 아량을 가지고 있다. 관심을 가지고 보면 실제 배우고 본받을 것도 적지 않다. 그러나 그릇이 작은 상사일수록 이런 열린 자세를 취하지 않고, 권위의 벽을 쌓고 복종과 충성을 강요하는 수가 많다. 이런 상사가 오래 재직하면 부하들의 능력과 수준이 정체되거나 퇴보하고, 조직의 역량도 떨어지기 마련이다.

이렇게 되다 보면, 일상적인 업무조차 점차 힘들게 되고, 그 문제가 있는 상사의 업무는 도리어 증가되어 열심히 일하지 않을 수 없다. 만약 상위 경영자가 뒤늦게 문제가 상사에게 있다는 것을 알게 되더라도, 그를 교체하는 것이 매우 어렵다. 이런 최악의 상태에서는, 1인 2역을 하면서 뛰고 있는 간부를 인사조치 한다는 것은, 업무공백이라는 문제를 차치하더라도 인간적으로 차마 내키지 않는 일이다.

그러나 더 큰 불행을 막기 위해서는 뒤늦게라도 과감히 수술하지 않으면 안 된다. 그런데 주위에서는 이와 같은 인사상의 질환, 즉 기업의 만성질환을 제대로 알지 못하고, 엉뚱한 소란을 피우고 있는 기업과 경영자들을 얼마든지 볼 수 있다.

경영자나 상사의 주된 책무는 부하의 양성과 활용이라 할 수 있다. 그러나 국내에서 시행하고 있는 인사 고과나 사정査定에서는 이 분야에 대한 고려가 크게 미흡한 것이 현실이다. '명장 밑에 약졸 없다'는 말은 예나 지금이나 경영의 명언이 아닐 수 없다.

7. 사람의 능력은 쓰기 나름

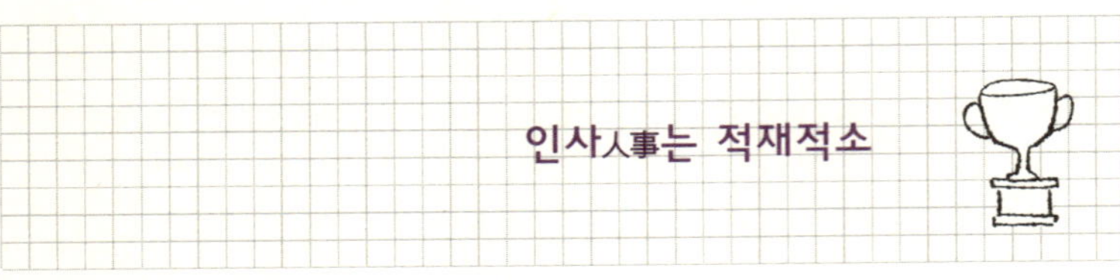

  기업에서 사람을 평가하는 경우, 맡은 직무나 직위에 따라 평가의 결과가 다를 수 있다. 직장인에는 모범공무원형, 주어진 일에 만족하지 않고 일을 만들어서 하는 형, 맡은 일에는 철저하나 리더십이 부족한 형, 큰 것보다 작은 것에 관심이 많고 잘 챙기는 형, 부서 내의 업무는 별로이나 대외영업에 소질이 있는 형, 현업에는 평범하나 부서 밖에서 교섭력이 있는 형, 기술 분야에는 흠잡을 데 없으나 형이상적인 일에는 답답한 형 등 온갖 유형이 있다.

  그리고 간부 가운데는 관리형·참모형·보스형이 있는가 하면 이 3가지 형을 골고루 갖춘 사람도 간혹 볼 수 있으며, 드물긴 하지만 독불장군형이나 기발한 아이디어를 잘 내는 모사형도 있다.

  공무원의 경우에는, 창의성 또는 타협성이나 개인적인 재량보다는 법의 공정한 준수와 집행이 우선하며, 모든 일은 전국적인 일관성과 보편성을 가져야 한다. 그러나 비교적 역동적인 환경인 기업의 간부는 창의성·타협성·개인적인 재량이 우선 요구되며, 맡고 있는 부서의 활성화와 부하의 양성이 무엇보다 중요하다.

물론 부서별 예산과 정해진 업무범위가 있긴 하지만, 상황에 따라서는 때를 놓치지 않고 반드시 해야 하는 일이라면 사전 양해를 얻는 선에서 경비도 마련하고 인력도 긁어 모아서 일부터 하고 보는 경우도 있다. 그 정당성은 결과로써 사장이나 경영층의 인정을 받으면 된다. 말하자면 기업은 정적이 아니라 보다 동적인 근무 자세가 요구되는 곳이다.

영업에서는 1억을 벌기 위해 1천을 쓸 수도 있으며, 급할 때는 개인 빚이라도 얻어서 사용하고 사후에 정산하는 경우도 있을 수 있다. 실제 제대로 굴러가는 회사의 경우 이것이 문제가 되는 일은 별로 없다. 이것은 법 이전에 상하 간 신뢰의 바탕 위에서 이루어질 수 있는 일상업무의 연장이다. 이와 반대로 회계나 원가관리 부서라면, 법과 사규가 엄격하게 적용되며, 개인적인 재량이나 타협성은 금기시되는 면도 있다.

예로부터 '인사人事는 적재적소適材適所'라고 한다. 둥근 사람은 둥글어야 하는 곳에, 모난 사람은 모나야 되는 곳에, 영업형은 영업에, 융통성이 없는 사람은 회계부서나 시험실에 써야 한다.

그리고 리더십이 부족하고 시야가 좁은 사람은 승진에 앞서 특별히 신중을 요한다. 왜냐하면 이런 유형은 승진 전에는 유능하고 행복했으나, 승진 후에는 부하들의 불만 속에 무능한 사람이 되어 불행해지는 경우가 많다. 승진을 안 시킬 수 없는 형편이라면, 그의 단점이 크게 문제되지 않을 보직을 찾아서 맡겨야 한다.

일례를 들면, 어느 제조업체 설계실의 한 디자이너는 성실하고 재능이 있어, 몇 년이 지나 팀장으로 승진했다. 그는 팀장 자리에 있으면서도 여전히 자기의 관심사에만 집착했다. 그가 집착하는 동안 그의 지시를 받아야 하는 다른 디자이너들은 무엇을 어떻게 해야 할지 몰랐고, 새로운 과업에 대해서도 지침을 주지 않았다. 팀장과 부하직원들 사이에 소통과 리더십이 너무 부족했던 것이다.

경영이란 수많은 직원들의 능력과 지혜를 계발하고 이를 활용하여 목표를 달성하도록 이끄는 기술이다. 그는 훌륭한 디자이너일 뿐이지 리더는 아니었던 셈이다.

특히 영업에는 동물적인 육감을 타고나야 한다. 일반 관리부문에서는 1등과 2등은 관점과 평가 기간의 길고 짧음에 따라서 2등이 더 좋은 결과를 낳을 수도 있다. 그러나 영업부문 특히 당락만 있는 입찰에서는 1등 외에는 모두 무의미하다. 그러므로 응찰가격을 결정하는 것과 영업의 맥을 찾아가는 일에는, 체질적인 감각과 붙임성을 가진 소수의 인재에 의해 승패가 좌우되는 경우가 많다.

그리고, 사람은 자신이 맡고 있는 직책보다 1~2단계 위, 적어도 한 단계 높은 직책에서 보고 생각하는 습성을 가지려 노력해야 한다. 그래야만 일과 사람을 보는 시야가 넓어지고, 역량도 빠르게 발전할 수 있다. 가령 언제나 현재 직책의 수준에서만 보고 생각해왔다면, 승진했을 때 어떻게 훌륭한 간부로 탄생할 수 있겠는가?

결론적으로 요약하자면, 사람의 능력이란 각자의 특성에 맞추어서 활용하기 나름이다. 병에 맞는 약이 명약이듯이 그 직무와 직위에 어울리는 사람이 유능한 자라 할 수 있다. 따라서 직업이나 직책에 상관없이 사람이 유능하다거나 무능하다고 함부로 평가하는 것은 합리적이지 않은 경우가 많다.

8. 감량경영

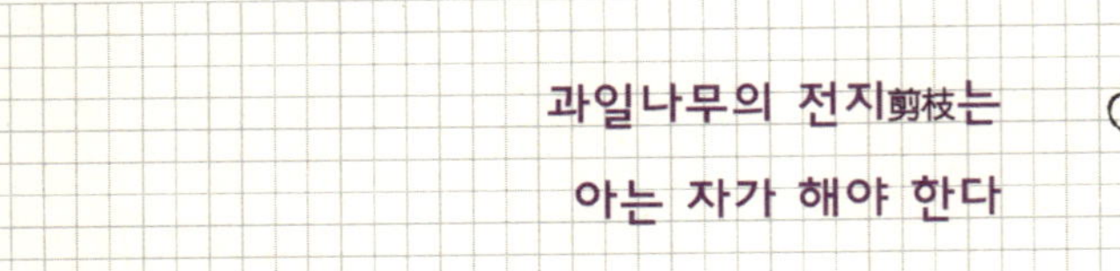

국내외 시장에서 동종 기업 간의 경쟁이 날로 치열해지고, 게다가 엔·유로·위안화에 대한 원화의 가치가 크게 상승하는 상황에서, 기업이 살아남기 위해서는 원가를 줄이고 기술과 디자인을 개발해서 경쟁력을 높여나가는 길밖에 없다. 이런 자구自救 노력의 일환으로 감량경영, 기업의 군살빼기 또는 슬림화(slimming)을 병행하게 된다.

감량경영을 보다 듣기 좋은 말로는 구조조정(restructuring)이라 하지만 조직과 인원의 감축을 피할 수 없다. 이것은 한국 특유의 강성노조와 부족한 사회보장제도 때문에 CEO가 가장 하기 어렵고 꺼리는 일인데, 과거 경제가 급속히 성장할 때는 드물었으나 오늘날에는 매우 흔하다.

그런데 지금까지 감량경영을 안 해 본 기업이 드물 정도이나, 성공적이라고 할 만한 사례가 많지 않은 것이 현실이다. 이를테면 경영적인 차원의 대대적인 개혁을 해서 기업의 경쟁력을 높인 것이 아니라, 엄청난 보상금을 받는 희망퇴직자와 노조원이 아닌 간부를 다소 줄인 정도에 지나지 않는 경우가 대부분이다.

이보다 더 한심한 예는, 전사적인 개혁안을 만들고 전력투구해서 추진한 결과, 뒤늦게 발견한 것은 씨암탉이나 볍씨까지 줄여버렸다는 사실이다. 이것은 기업의 생존과 발전을 전제한 개혁이라할 수 없다. 왜냐하면 당초 감량경영의 목적은 방만한 조직과 인원을 줄여서 기업의 경쟁력을 높이는 것이기 때문이다.

이와 유사한 실패는 국정에서도 되풀이되고 있다. 역대 정권마다 집권 전에는 개혁을 외치며 정부 조직의 군살빼기와 불필요한 규제의 철폐를 과감히 시행해서 국가의 재정과 경쟁력을 향상시키겠다고 공약했다. 허나 본래 개혁을 할 수 있는 자들이 못 되니 방만한 조직은 정비되지 않았고, 도리어 규제와 공무원의 숫자는 계속 늘어났다.

그러다 보니 IMF라는 위기를 당해서 초긴축재정을 행하면서도 정부의 조직과 공무원에는 손도 못 대고 만만한 산하 과학기술연구소를 통폐합하면서 연구원만 대폭 감축했을 뿐이다. 그 결과 '형편이 나쁠 때 먼저 잘리는 게 이공계 출신이다'는 풍조가 재확인되면서, 학생과 학부형들의 이공계 기피 현상이 심화되었다. 이 잘못된 개혁의 후유증은 이후 한 세대 동안 국가경쟁력을 저하시키게 될 것이다.

기업의 경쟁력 향상을 위해서는, 기구축소·인력감축·적자부문 폐쇄 등을 통해 원가를 대폭 줄여서 영업이익률을 증대시키거나,

또는 감량경영을 군살빼기 정도로 하는 반면, 영업을 강화하여 매출을 높여 원가를 상대적으로 낮추는 방법도 고려될 수 있다. 물론 이것은 기업의 체질과 영업적인 환경을 고려해서 선택될 수 있는 성질의 것이다.

이들 중 어느 것도 주력 제품에 한해서는 영업력과 기술력의 저하가 고려되지 않으며, 오히려 다른 부서의 감원과는 반대로 이 분야의 질적인 강화가 전제되어 있다는 점을 간과해서는 안 된다. 감량경영이 절박한 기업의 경우는 대개 영업력과 기술력이 부족한 데, 영업부서와 기술부서(연구·개발부서 포함)의 역량을 같은 비율로 축소하는 것은 희망을 포기하는 것일 수 있다.

그런데, 생산부문이나 관리부문과 달리 영업력과 기술력이란 반드시 보유 인력에 비례하지 않고 소수 핵심인력의 능력에 좌우되는 경우가 많다. 그러므로 상대적으로 인원이 적은 영업과 기술 부문을 여타 부서와는 독립적으로, 부러워할 만한 보상제도를 시행해서 이전보다 더 활성화시켜야 한다. 필요하다면 비자금을 써서라도 외부에서 인재를 스카우트할 수도 있을 것이다.

이것이 무슨 특별한 이론이나 어려운 전략도 아닌데, 모르는 경영자가 있겠는가? 그런데도 잘 안 되는 기업에는 대개 만성적이고 근본적인 문제가 있다. 그러므로 감량경영에 성공하려면 우선 CEO가 그 기업의 특성과 환경을 잘 파악하고 있는 자라야 한다.

이와 같이 기업의 감량경영이나 국가의 군살빼기 개혁은 과일나무의 가지치기에 비유될 수 있다. 이것은 과수 전문가와 같이 그 기업이나 국가의 상황을 잘 알고 있으면서, 비전과 결단력을 가진 최고 지도자만이 할 수 있는 일이다.

9. JAL의 개혁과 회생

관료주의는 일반적으로 민간기업보다 정부 소유인 공기업에서 더 심하다. 이런 현상은 한국뿐만 아니라 외국에서도 비슷한데, 품질관리 우등 국가인 일본도 예외는 아니다. 어느 나라든 공기업은 국내시장에서 독과점 업체인 경우가 대부분인데도 적자를 내는 이유는, 대개 관료주의적이고 방만한 경영과 노조의 지나친 요구 때문이다.

항공사의 경우는 다른 공기업과 달리 국내외의 경쟁 업체가 있으므로, 독점이 아닌 과점 업체에 해당하는데, 그래서 그런지 British Air, Lufthansa, 일본항공(JAL)도 해마다 적자에 허덕이더니, 결국 2010년 1월 JAL은 파산보호(한국의 법정관리)를 신청했다. 그런데 JAL은 기적적으로 3년 만에 부활했다. 물론 정부의 지원도 있었지만, 이나모리 회장에 의해 일본의 기업 역사에 전무후무한 개혁을 단행했기 때문이다.

1987년 민영화로 무늬만 민간기업이 된 JAL의 붕괴 원인은 경영자의 도덕적 해이(moral hazard), 강성 노조, 종업원의 기득권, 정부의 낙하산 인사, 채산성 없는 지방공항 난립과 적자노선 운항, 등이다. 주인 없는 이 회사는 20년 전부터 대담한 구조개혁이 필요하다는 걸 알면서도, 경영진과 일본정부가 미적거리는 동안 임금과 복지는 늘어나고 적자만 쌓여 갔던 것이다.

일본의 자존심인 JAL이 파산 위기에 처하자, Kyocera의 이나모리 가즈오(稻盛和夫) 명예회장이 78세의 고령인데도 "JAL의 회생을 통해 일본 경제에 힘을 불어넣고 싶다"며 구원투수로 나섰다. 그는 27세에 파인 세라믹(fine ceramic) 전문 중소기업인 교토세라믹(현 교세라)을 창업하고 '직원들의 행복'을 경영 목표로 삼아서 글로벌 100대 기업으로 키웠다.

그는 창업 후 54년간 한 번도 적자를 내지 않고 두 자릿수의 높은 이익률을 유지하고 있는 것은 '어떠한 경제 변동에도 절대 지지 않겠다'는 강한 마음으로 매진한 결과라고 했다. 그래서 그에게는 '살아 있는 경영의 신神'이란 별명이 주어졌다.

JAL 회장으로 취임한 이나모리는 정비 분야에서 일해오던 오니시 마사루(大西賢)를 사장으로 선임하고, 3년에 걸쳐 서서히 한다는 당초의 계획을 대폭 확대수정해서 1년으로 단축했다. 그리고 직원 4만 8,000명 가운데 1만 6,000명을 내보내고, 운항노선을 30% 줄이고, 항공기 23%를 매각하는 매머드 구조조정을 단 1년 만에 해치웠다. 그 결과 그 다음 해부터 2조 원대의 영업흑자를 내면서 증시에 다시 상장되었다. 그리고 3년 만인 2013년 4월에는 그간 중단되었던 신입사원을 다시 채용했다.

종신 고용이 살아있는 일본, 그것도 직군별로 강성 노조 8개가 버티고 있는 '노조의 천국'이라던 JAL에서 어떻게 전 직원의 3분의 1을 내보내고 급여와 연금을 삭감할 수 있었을까? 종업원들이 결국 그의 독단적인 리더십을 따를 수밖에 없었는 데는 인간으로서 외면할 수 없는 이유가 있었다. 그는 팔순 나이에도 3년간 무보수로 일하며, 500㎞ 떨어진 교토의 집과 도쿄의 본사를 매일 오갔다. 리더의 자기희생과 솔선수범은 그만큼 강력한 호소력을 발휘하는 법이다.

당연히 계속 일하고 싶다는 사람이 대부분이었다. 그러나 회사가 살아남기 위해선 구조조정이 불가피하다고 설득하면서, 비교적 나이 많은 사람 위주로 "우리 회사를 다시 태어나게 하고 싶다. JAL을 사랑한다면 후배들에게 자리를 내주십시오."라고 계속 얘기했더니, 대부분이 "JAL을 사랑한다. 내가 그만두는 것으로 회사가 살 수 있다면 그만두겠다."고 대답했다.

남은 3만 2,000명은 모두가 그만둔 선배들에게 미안한 마음을 갖고 '절대 이 회사를 망하게 해서는 안 된다. 반드시 부활을 성공시키지 않으면 안 된다.'는 각오를 다지게 됐다. 이를 달성하기 위해 그는 경영진을 필두로 모든 부문별 리더와 일반 직원들을 대상으로 순차적인 리더십 및 정신교육을, 1,155일간의 무보수 회장 재임 기간 내내 줄기차게 밀어붙였다.

독실한 불교 신자이며 자비를 경영 철학의 근간으로 삼고 있는, 이나모리 회장은 오니시 사장에게 가끔 '소선小善은 대악大惡과 닮아 있고, 대선大善은 비정非情과 닮아 있다'고 했다. 즉 몇 사람에게 작은 선을 베푼다는 것이 전체적으로 보면 좋지 않은 것일 수 있고, 반대로 사람들에게 아주 아픈 짓을 하는 것이 전체적으로는 아주 좋은 것일 수도 있다는 말이다. 이 말은 그로 하여금 현실을 직시하고, 엄청난 구조조정을 강행할 수 있게 한 그의 철학이라 할 수 있다.

이나모리 회장은 한 일본 주간지와의 인터뷰에서 "JAL은 과거 국영 항공사였다는 엘리트 의식이 아주 강했고, 관료의 낙하산 인사가 많았다. 도산했을 때도 사원들은 '우리 잘못이 아니라 경영진 책임이다. 국가가 잘못했다'는 의식이 강했다"고 술회했다.

JAL은 1987년 완전 민영화됐지만 2000년대 들어 경영 악화가 지속되면서 매번 정부에 자금 지원을 요청하는 애물단지로 전락했다. 계속된 실적 악화로 2010년 파산 직전엔 빚이 30조 원에 달했지만, '정부가 계속 뒤를 봐줄 것'이라는 의식이 조직 내에 팽배했다.

이나모리 회장은 취임 1개월 반 뒤 한 기자회견에서 "JAL은 매일 적자를 내면서도 책임의식이 명확하지 않다. JAL 임원들은 야채 가게 하나도 경영할 능력이 없다"고 혹평했다. 이후 JAL에는 이나모리 회장의 전매특허인 '아메바 경영(부문별 독립채산제)'이 도입

됐고, 2~3개월 걸리던 월말 결산은 3일 후 잠정 집계해 곧바로 다음 달 영업 계획에 반영할 수 있도록 뜯어고쳤다.

후임 회장이 된 오니시 사장은 이렇게 덧붙였다. "망하기 전 JAL 경영진은 '조금 손을 대면 아마 조금이라도 좋아지지 않을까' 이런 식으로 생각해 왔어요. 피를 많이 흘리지 않으면서도 개선될 방법을 생각해 왔던 것이지요. 하지만 사실은 그런 상황이 아니었어요. '피를 많이 흘리더라도 당장 수술을 해!'라고 말해야 했어요."

한국은 노조와 종업원뿐만 아니라 정부와 국민 등 모든 면에서 일본과는 많이 다르다. 하지만 이나모리 회장과 같이 훌륭하고 강력한 경영자에게 맡긴다면, 현재까지 속수무책인 한국의 공기업들도 부활을 기대할 수 있지 않을까? 그렇다면 공기업이 아닌 순수 민간기업의 경우에는 더욱 쉽지 않겠는가.

각 부와 소제목 아래의 경구 일람표

제1부 소질과 운명

너 자신을 알라 - 그리스 델포이의 아폴론 신전 현관 기둥에 새겨졌다는 금언

기와는 아무리 갈고 닦아도 거울이 되지 않는다

적성에 맞지 않는 일을 하는 것은 바구니에 국물을 담는 것과 같다
― 이탈리아 격언

소질에 맞는 길이면 역경에 감사해야 할 때가 반드시 온다

작은 재물은 근검에서 나오고 큰 재물은 하늘이 낸다

과학만 믿는 것도 과학의 탈을 쓴 비합리

사실(fact)을 무시하는 이론은 허구

사업가는 돈을 보는 눈이 경영인과 다르다

성년이 되어도 운명의 존재를 모르면 지혜롭지 못한 사람

노력하면 반드시 보상은 있다 ― 세상에 공짜란 없다

제2부 운명, 미리 알 수 없을까

인생이란 리허설 없는 연극이라서 누구나 서툴다

왜, 미래에 대해선 스스로 장님이 되려는가?

누구나 늙으면 운명을 부인하지 않는다

우연의 대부분은 알고 보면 필연이다

큰 병은 팔자에 있고, 작은 병은 관리 소홀에 있다

방향을 아는 것과 모르는 것은 천양지차

운명을 전혀 모르면, 인생은 탐사 없이 채광하는 것과 같다

인생이란 구경꾼에겐 희극, 당사자에겐 비극

관상이라는 거울을 두고도 활용하지 않으면 어리석다

사실(fact)은 이념(ideology)에 우선한다

지금 길을 잃어버린 것은 네가 가야 할 길이 있기 때문이다 - 프랑스 속담

어려운 일과 불가능한 일을 구분할 줄 알아야 한다

많은 사람은 패배보다 승리 때문에 파멸한다

하늘의 그물이 아무리 성글어도 하나도 빠뜨리지 않는다 - 노자

복을 받으려면 기도 대신 공덕(功德)을 쌓아라

하늘이 주는데도 받지 않으면, 도리어 재앙을 받는다 (天與不受反受其殃)

명리학의 전문가 앞에서는 누구나 양순한 학생에 불과하다 - 조용헌

어항에서 자라면 피라미가 되고, 강에서 자라면 대어가 된다

- 코이의 법칙

열심히 하는 자도 즐기는 자에겐 못 당한다

열정을 가지고 한 분야에서 최소 1만 시간 수련해야 전문가가 된다

여기 자기보다 나은 사람을 쓸 줄 아는 사람이 잠들다 - 카네기

작은 상인은 재물을 탐하고 큰 상인은 인재를 탐한다

기업은 기업주의 그릇 크기만큼 성장한다

사람을 알아보는 능력이 경영자의 필수조건

남의 돈을 따야 기쁜 사람과 따도 기쁘지 않는 사람이 있다

경영에서 계량화나 정액화할 수 없는 것이 더 중요하다

경륜의 중요성을 제대로 인식하지 못하면 아직 미성년자

장군에는 2종류가 있는데 평화시대의 장식물과 전쟁에 필요한 장군
이다 - 나폴레옹

제갈량이 도와도 유선은 안 된다 - 중국 속담

자질 없는 아들에게 큰 사업을 상속하는 것보다 어리석은 일은 없다

유능한 경영자는 조직의 문화부터 바꾼다

관료주의는 큰 조직과 기득권에서 자라는 만성병

조직의 문제는 인체의 질병과 달리 복잡하지 않고 진단도 쉽다

검은 고양이든 흰 고양이든 쥐를 잘 잡는 게 좋은 고양이다 – 덩샤오핑

생선은 머리부터 썩는다

리더를 알려면 그 측근을 보라 – 마키아벨리

명장 밑에 약졸 없다

인사(人事)는 적재적소

과일나무의 전지(剪枝)는 아는 자가 해야 한다

관료주의와 강성 노조에 안 망할 기업은 없다

하시는 모든 사업 대박 나시고,
행복과 긍정의 에너지가
팡팡팡 샘솟으시기를
기원드립니다!

권선복
도서출판 행복에너지 대표이사
한국정책학회 운영이사

평범하게 직장생활을 하는 일반 직장인들도 이따금 '나도 한번 사업을 해 볼까?'라는 생각을 하곤 합니다. 어쩌면 '성공한 사업가'는 우리 국민들이 가장 많이 꿈꾸는 목표인지 모릅니다. 하지만 어느 분야가 되었든 그만큼 경쟁이 치열하고 사업에 성공하기란 무척 어렵습니다. 대다수의 사람들이 실패의 쓴맛을 보고 힘든 나날을 보내곤 합니다. 그래서 철저한 준비와 전문가의 조언이 반드시 필요합니다.

이번에 출간되는 책 『사업에 성공하는 조건』은 사업을 하는 데 있어 반드시 숙지해야 할 노하우와 혜안을 담고 있습니다. 서울대를 졸업하고 산업현장 일선에서 풍부한 경험을 쌓은 저자가 오랜 연구를 집약하여, 사업의 성공요인을 철저히 분석해 낸 책입니다. 사업의 성공을 좌우하는 소질素質과 운명運命의 힘이 무엇인지를 분석한 경영전문서로서, 지혜가 결핍된 물질만능 시대에서 사업에 성공하기 위해 반드시 숙지해야 할 노하우는 물론 날카로운 혜안과 통찰이 곳곳에서 빛을 발하고 있습니다.

경쟁이 치열하다고는 하지만 누군가는 분명 최고에 자리에 오르기 마련입니다. 지피지기 백전백승이라 하였습니다. 사업의 본질이 무엇인지, 사업을 위해 내가 해야 할 노력은 무엇인지를 깨닫는다면 성공은 제법 가까이 있을지 모를 일입니다. 지금 사업을 하시는, 사업을 준비하시는 분들 모두 이 책을 통해 성공을 거머쥐시길 바라오며, 이 책을 읽는 모든 분들의 삶에 행복한 에너지가 팡팡팡 샘솟으시기를 기원드립니다.

사랑해야 운명이다

김창수 지음 | 값 12,500원

책 『사랑해야 운명이다』은 2015 한국HRD대상 명강사 부문 대상 수상자이자 희망아카데미 대표인 김창수 저자의 '세상을 향한 따뜻한 사랑을 담은 시집(詩集)'이다. 독자의 마음에 깊은 흔적이 아닌, 가만히 가져대대는 따뜻한 손과 같은 온기를 전하며 "살아 있는 한, 희망은 유효하다."라는 평범한 진리를 진술한 목소리로 노래한다.

리콴유가 말하다

석동연 번역·감수 | 값 17,000원

이 책은 하버드 대학의 그래엄 앨리슨 교수, 로버트 블랙윌 외교협회 연구위원이 리콴유 전 총리와의 인터뷰, 그의 저서와 연설문을 편집하여 출간한 책이다. 총 70개의 날카로운 질문에 리콴유는 명쾌하고 직설적이며 때로는 도발적으로 답변한다. 도처에 실용주의자로서의 그의 진면목이 잘 드러나 있으며 깊이 있는 세계관과 지도자관을 음미할 수 있다.

치매도 시가 되는 여자

류 자 지음 | 값 13,500원

책 『치매도 시가 되는 여자』는 실제로 치매에 걸린 시어머니를 8년째 모시고 있는 한 며느리가 조금은 불편하지만 그 어느 가정과 다를 바 없이 행복한 일상에 대해 담은 책이다. 치매가 느닷없이 가져온 삶의 비애가 더 커다란 행복으로 승화되는 과정을 시와 에세이를 통해 그려내고 있다.

갈 길은 남아 있는데

김래억 지음 | 값 25,000원

책 『갈 길은 남아 있는데』는 격동기에 태어난 한 사람이 역사의 비극 가운데에서 고뇌하며 조국의 근대화에 대한 열망을 품고 축산업과 대북 사업에 일생을 바치며 산업역군으로 성장해가는 과정을 담고 있다. 남북을 넘나들며 통일의 물꼬를 트고자 노력했던 저자의 헌신이 감명 깊게 다가온다.

중국 사회 각 계층 분석

양효성 지음, 이성권 번역 | 값 27,000원

"한중 수교 20여 년, 우리는 과연 중국에 대해 얼마나 깊이 알고 있는가?" 중국의 발자크라 불리는, 중국 최고의 知靑 양효성의 10년에 걸친 역작! 이 책은 모택동 사후 시기의 중국(中國) 사회를 가장 심층적으로 분석하고 있다. 인문학적 시각으로 들여다본 중국사회에 대한 깊은 연구는 대한민국의 성장과 밝은 미래를 위한 하나의 전환점을 제시하고 있다.

제안왕의 비밀

김정진 지음 | 값 15,000원

『제안왕의 비밀』은 대한민국을 대표하는 14인의 제안왕 이야기를 담아내고 있다. 자신의 삶은 물론 몸담고 있는 조직까지 변화시키는 제안의 놀라운 비밀을 이야기한다. 제안 하나로 청소부, 경비원, 기능공에서 대기업 임원, 교수, CEO로 등극하는 드라마 같은 인생이 펼쳐진다. 또한 제안왕이 되기 위해 반드시 숙지해야 할 십계명과 비결 등을 공개한다.

그대, 늦었다고 걱정 말아요

감민철 지음 | 값 13,800원

『그대, 늦었다고 걱정 말아요』는 바로 이렇게 힘겨운 시기를 보내고 있는 젊은이들에게 따뜻한 위로의 메시지를 전하는 책이다. 현재 주어진 암울한 환경이 아닌, 어려움을 통해 더욱 성장하게 될 미래의 자신을 바라보라고 주문한다. 우리가 늘 부정적으로만 여겼던 고난의 진정한 의미는 과연 무엇일까? 지금 이 책에서 그 해답을 확인해 보자.

주인공 빅뱅

이원희 지음 | 값 13,800원

세상의 기준은 상대평가에 따르기 때문에 항상 서로를 비교하게끔 만든다. 그 과정에서 우리는 우월감과 열등감을 오가며 천국과 지옥을 경험하곤 한다. 하지만 『주인공 빅뱅』은 그러한 악순환에서 벗어나 자기 자신이 평가의 기준이 될 것을 권한다. 스스로가 객관적으로 자기 자신을 평가함으로써 정서적·지적·영적·인격적 성장을 이룰 필요에 대해 강변한다.

압둘라와의 일주일

서상우 지음 | 값 12,500원

『압둘라와의 일주일』은 누구나 한번쯤은 고민해봤을 본질적인 인생의 문제들을 풀어나가고 있는 책이다. 특히 '압둘라'라는 인물을 통해 어려운 고민들에 명쾌하게 답하는 형식을 취하고 있는 점이 흥미롭다. 아무리 상처받고 버림받는 아픔을 경험했을지라도 이 세상에 소중하지 않은 사람은 없다. 그렇기에 이 책의 주인공은 당신이라고 저자는 이야기한다.

제4차 일자리 혁명

박병윤 지음 | 값 15,000원

JBS일자리방송의 박병윤 회장이 전하는, '일자리 혁명을 통해 선진국으로 도약할 대한민국의 청사진'을 담은 책이다. 현재 대한민국의 일자리 문제가 현 정부에서 추진하는 창조경제 정책이 올바로 시행되지 않고 있음에서 그 원인을 찾고 '방통융합 활용 일자리창출 콘텐츠'의 실행을 통해 일자리 혁명을 일으켜 해결책을 찾을 것을 제안하고 있다.

금융회사의 내부통제

김양권 지음 | 값 25,000원

선진은행들은 우리나라보다 더한 성과주의 문화 속에 살고 있지만 그들의 금융사고는 우리보다 훨씬 적다고 한다. 이 책은 그 이유는 무엇인지를 세심히 살펴보고, 오랫동안 선진국의 금융관행을 보고 배웠음에도 우리 금융회사들이 놓치고 있는 것에 대해 제시한다.

나의 살던 고향은

강순교 지음 | 값 15,000원

연어처럼 삶을 다하기 전에 거세고 잔인한 현실의 물살을 거슬러 고향과 고국을 찾아온 저자의 인생사는 그 자체만으로도 충분히 감동적이다. 그래서 이 책은 한 개인의 위대한 역사일 뿐 아니라 궁극적으로 통일이 되어야 할 이유를 독자들의 가슴에 깊이 새겨주고 있다.

귀뚜라미 박사 239

이삼구 지음 | 값 17,000원

저자는 '귀뚜라미'가 지금의 대한민국 실정에 가장 적합한 미래인류식량이라고 강력히 주장한다. 단백질, 비타민, 무기질, 불포화지방산 등 영양소가 풍부하게 함유되어 있기 때문이다. 이렇게 영양학적으로 완벽하고 환경친화적인 귀뚜라미는 향후 발생할 식량위기에 대처하는 데 최적의 상품임을 이 책은 말하고 있다.

신입사원은 무엇으로 성장하는가

홍석환 지음 | 값 15,000원

저자는 30년 동안 인사 분야 전문가로 삼성, GS칼텍스, KT&G와 같은 대기업에서 근무해 왔다. 다양한 인사 경험과 이론을 쌓고 자신만의 컨설팅을 바탕으로 사회 내에서 자신의 자리를 공고히 하는 데 힘써온 사람이다. 그의 이러한 노하우가 담겨있는 인사교육 현장의 목소리에 우리는 귀 기울여야 할 것이다.

대한민국을 읽다

김영모 지음 | 값 17,000원

『대한민국을 읽다』는 1934년부터 1991년까지의 대한민국, 그 생생한 역사의 주요 현장을 도서와 문서 자료를 통해 들여다본 책이다. 25년 가까이 국회도서관에서 근무를 했고 출판사의 대표직을 맡으며 평생 책과 함께해 온, 지금도 산더미처럼 쌓인 책의 틈바구니에 간신히 몸을 밀어 넣어 책과 씨름하고 있는 한 독서인의 뜨거운 열정을 고스란히 담고 있다.

도담도담

티파니(박수현) 지음 | 값 15,000원

『도담도담』은 종로 YBM어학원에서 16년째 강의를 하고 있는 인기강사 '티파니' 박수현이 2030 청년들에게 들려주는 행복의 메시지다. 때로는 두 손을 꽉 붙잡고 어깨를 도닥여주는 위로를, 때로는 정신이 번쩍 들게 하는 일침을, 때로는 경험에서 진득하게 우러나온 조언을 친근한 언니 혹은 누나의 목소리로 전하고 있다.